W0054326

blv sportpraxis

richtig rock'n roll tanzen

Gertrude Krombholz
Peter Haag

Dritte, durchgesehene Auflage

BLV Verlagsgesellschaft
München Wien Zürich

CIP-Kurztitelaufnahme der Deutschen Bibliothek

Krombholz, Gertrude:
Richtig rock'n roll tanzen / Gertrude Krombholz;
Peter Haag. – 3., durchges. Aufl. – München;
Wien; Zürich: BLV Verlagsgesellschaft, 1986.
  (blv sportpraxis; 208)
  ISBN 3-405-12059-4

NE: Haag, Peter:; GT

Bildnachweis

D. Birkner (BLV Archiv Sport) Titelfoto
und Seite 11, 125
E. Gebhard S. 56/57
K. Dilthey und W. Holzwarth S. 73
H. Sämmer S. 6, 33, 74, 105, 121
M. Schmalz S. 29
Ch. Stirnweiß S. 123
Alle übrigen Fotos
von G. Krombholz und P. Haag
Grafiken: Hellmut Hoffmann

blv sportpraxis 208

© 1979 BLV Verlagsgesellschaft mbH,
München 1986

Gestaltung: Anton Walter
Satz und Druck: Georg Appl, Wemding
Bindung: Großbuchbinderei Monheim

Printed in Germany

ISBN 3-405-12059-4

Abkürzungen

Zum besseren Verständnis wurden
Abkürzungen auf ein Mindestmaß
beschränkt.

LF	= linker Fuß
RF	= rechter Fuß
vorw.	= vorwärts
rückw.	= rückwärts
seitw.	= seitwärts

Vorwort

Der Rock'n Roll gehört seit rund fünfundzwanzig Jahren zu den faszinierendsten Tänzen für Jung und Alt. Sein besonderer Reiz liegt im temperamentvollen Tanzstil und in der spektakulären Akrobatik, sodaß Rock'n Roll sicher über die derzeitige Aktualität hinaus auch weiterhin ein breites Publikum begeistern wird.

Das Fachgebiet Tanz am Sportzentrum der Technischen Universität München kann auf eine langjährige Unterrichtserfahrung mit Rock'n Roll-Anfängern und -Fortgeschrittenen sowie etliche vielbeachtete Einstudierungen von Rock'n Roll Formationen zurückblicken. Die beiden Verfasser, Gertrude Krombholz, Leiterin des Fachgebietes Tanz und ADTV-Tanzlehrerin, und Peter Haag, langjähriges Mitglied der Tanzgruppe und zusammen mit seiner Frau Margrit 1978 und 1979 Deutscher Meister sowie 1979 Vize-Europameister im Rock'n Roll-Tanz haben die wichtigsten Erfahrungen in diesem Buch niedergelegt. Da bisher in Deutschland noch keine ausführliche Darstellung des Rock'n Roll-Tanzens publiziert wurde, soll hiermit eine Anleitung von tänzerischen Grund-elementen bis zu Turnierformen gegeben werden. Diese theoretische Darstellung wird jedoch keineswegs die Tanzpraxis ersetzen können. Daneben wird es unerläßlich sein, in Diskotheken und Clubs sowie Tanzschulen eigene Tanzerfahrungen zu sammeln.

Für den Autodidakten ist es zu empfehlen, die einzelnen Kapitel der Reihe nach durchzuarbeiten. Einem historischen Überblick folgt zunächst die Beschreibung der wichtigsten tänzerischen Grundelemente für den Rock'n Roll. Aus einer Vielzahl von Grundtechniken werden schließlich zwei – der Rock-Triple Time (Jive) und der gehüpfte Rock'n Roll (Sprungschritt) – ausführlicher behandelt. Diese Techniken sind durch farbige Bildreihen klar von den übrigen unterschieden. Für den sportlichen Tänzer werden akrobatische Figuren aufgezeigt, die bereits den Übergang zum anspruchsvolleren Turniertanzen bilden. Die wichtigsten Fachausdrücke sind am Ende des Buches kurz zusammengefaßt.

Dieser Leitfaden möge Anfängern und Fortgeschrittenen wertvolle Anregungen geben und die Freude am Rock'n Roll-Tanzen vergrößern.

Inhalt

Geschichtliche

Der Rock'n Roll ist wohl der Tanz unter den neuen, afroamerikanisch geprägten Tanzformen, der zusammen mit seinen Vorläufern für das meiste Aufsehen und die gewaltigste Revolution in diesem Bereich gesorgt hat. Als Tanz erlebte der Rock'n Roll nach seinem Triumphzug in den Jahren 1954 bis 1958 zwei »Wiedergeburten« und gehört heute zu den beliebtesten Tänzen bei der jungen und auch bei der älteren Generation.

Joachim-Ernst Berendt, der große Jazzexperte, sieht die ersten Zeichen für die aufkommende, neue Welle zu Beginn der dreißiger Jahre; der Tanz »Lindy Hop«, benannt nach dem Ozean-Flieger Lindbergh, gewann allmählich an Popularität und hatte 1938 sein erfolgreichstes Jahr.

Eine zweite Strömung, die die spätere Entwicklung nachhaltig beeinflußte, waren »Blues« und »Swing«. Der Swing, der als Musik und Tanz gleichermaßen ab 1935 in Europa populär wurde, hatte den Grundschritt des Blues übernommen, war jedoch einerseits durch sein weiches Fließen und andererseits durch seine motorische Härte eine Form des Übergangs geblieben.

Erst die Musik des Boogie, ähnlich dem Rhythmus einer Maschine, der ursprünglich die Klavierbegleitung zum alten Blues war, erfüllte den Wunsch der damaligen Jugend, die das Neue, Revolutionäre

wollte. Musik und Tanz des Boogie haben demnach ihre Wurzeln im Blues, der sehnsuchtsvollen Musik der nordamerikanischen Neger. Der neue Tanz, zur Musik des Boogie geschaffen, wurde unter mehreren Namen populär. Auf dem Kontinent bezeichnete man den Tanz genauso wie die Musik mit »Boogie« oder »Boogie Woogie«, in Amerika sprach man in erster Linie vom »Jitterbug«, in England wurde daraus der »Jive«. Dieser Boogie war der eigentliche »Volkstanz der fünfziger Jahre«, ganz besonders für die junge Generation, die ihn bei all seiner maschinengleichen Härte doch spielerisch und gelöst tanzte. Entstanden war er in Harlem, dem Negerquartier von New York. Eine große Zahl volkstümlicher Tanzelemente hatte sich bei den großen Festen der Stadt erhalten: Heben der Partnerin, Sprünge und andere akrobatische Kunststücke, die zwischen die Grundschritte von Blues und Swing eingefügt wurden.

Der Boogie konnte durch festgelegte Figuren und Schritte nicht genau charakterisiert werden; entscheidend war die Phantasie im Erfinden neuer Figuren und die Freude am ausgelassenen Spiel. Eine neue Entwicklung in der Tanzwelt waren zu jener Zeit die Marathon-Tanzwettbewerbe. Paare tanzten mit kurzen Pausen oft tagelang, um den ausdauerndsten Tänzer zu ermitteln. Dabei erwie-

Entwicklung

sen sich der alte Lindy Hop und der Jitterbug als die geeignetsten Tanzarten. Um Abwechslung in die sich ständig wiederholenden Figuren zu bringen, erfanden die Paare immer wieder neue Variationen, die dann auch von den anderen aufgenommen und verändert wurden. Auf diese Weise waren die Härtetests das beste Mittel, um die Tänze ständig mit neuen Figuren zu bereichern.

Dem Boogie folgte um 1945 wieder ein neuer Musikstil, der Bebop. Jedoch verzichtete diese Musik auf einen klaren, eindeutigen Rhythmus, so daß Tanzen nicht mehr möglich war. Trotzdem gab auch diese Musikrichtung einem neuen Tanz seinen Namen; die Musik, auf die der »Bebop« getanzt wurde, war allerdings immer noch der alte Boogie.

Das Jahr 1954 brachte das große Fieber des Rock'n Roll. Der Name bedeutet wörtlich übersetzt »Wiegen und Rollen«, nach einem alten Negerwort.

Ein Discjockey, Alan Freed, behauptete 1951, den Namen »Rock'n Roll« erfunden zu haben, um die schwarze Musik den weißen Hörern besser verkaufen zu können.

Rock'n Roll war zunächst nichts anderes als ein neuer Name für die populäre schwarze Musik, für den städtischen »Rhythm and Blues« der Neger, jedoch wurde er erst 1954 durch den Film »Saat der Gewalt« mit Bill Haleys »Rock Around The Clock« zur großen Revolution in Europa. Das Wort »Rock'n Roll« hatte im Slang der Neger auch eine eindeutige sexuelle Bedeutung. »Good Rocking Tonight« oder »Rocking And Rolling All Night« waren berühmte Titel der Blues-Musik. Auch auf Musik und Tanz übertrug sich diese sexuelle Bedeutung und hatte auch da den Zweck, Rausch und Ekstase zu erzeugen.

Nicht unwesentlich am Siegeszug des Rock'n Roll waren außer Bill Haley Musikinterpreten wie Elvis Presley, Ray Charles, Fats Domino, Jerry Lee Lewis und Chuck Berry beteiligt.

Die wilde Ekstase des Rock'n Roll-Tanzens versuchten die Tanzlehrer Nordamerikas und Europas aufzufangen, indem sie einen gepflegten Boogie zur Rock'n Roll-Musik vermittelten.

1959 ging die erste große Rock'n Roll-Welle zu Ende; Twist, Beat und andere neue Modetanzformen brachten den Rock um seine Popularität. Trotzdem konnte er sich in der Sehnsucht nach ekstatischer Befreiung durch Musik und Tanz als die lebensfähigste und beliebteste Tanzform der letzten dreißig Jahre durchsetzen.

Die erste Rückkehr fand im Jahre 1968 statt, wurde jedoch noch nicht so stark beachtet.

Der Anfang der siebziger Jahre brachte die große Renaissance der

Geschichtliche Entwicklung

Rock'n Roll-Musik. In der Nostalgie lebte die Musik eines Bill Haley, eines Elvis Presley und eines Jerry Lee Lewis wieder auf. Rock'n Roll zählte ab 1974 wieder zu den beliebtesten Modetänzen. Neben den bekannten Formen des Boogie und des Rock'n Roll brachte die dritte große Welle eine völlig neue, sehr sportliche Art des Tanzens. Der »gehüpfte Rock'n Roll-Schritt«, auch als »Sprungschritt« bezeichnet, wurde entwickelt und ist seither auf allen großen Turnieren verbindlich.

Nach einer vorübergehenden Aufspaltung in zwei konkurrierende Vereinigungen auf Grund unterschiedlicher Auffassungen und Regelauslegungen wurde nach langen, zähen Verhandlungen ein gemeinsamer, neuer Verband ins Leben gerufen, in dem alle aktiven, bundesdeutschen Rock'n Roll-Tänzer organisiert sind. Dieser »Deutsche Rock'n Roll Verband« kurz DRRV genannt, ist Mitglied der »World Rock'n Roll Confederation«, dem Weltfachverband für den Rock'n Roll-Tanz.

Der folgende Überblick zeigt zusammengefaßt die Entwicklung und den jetzigen Stand, nach dem die verschiedenen Rock'n Roll-Arten (Single Time, Double Time, Triple Time, Gehüpfter Rock'n Roll siehe S. 34) nebeneinander getanzt werden können.

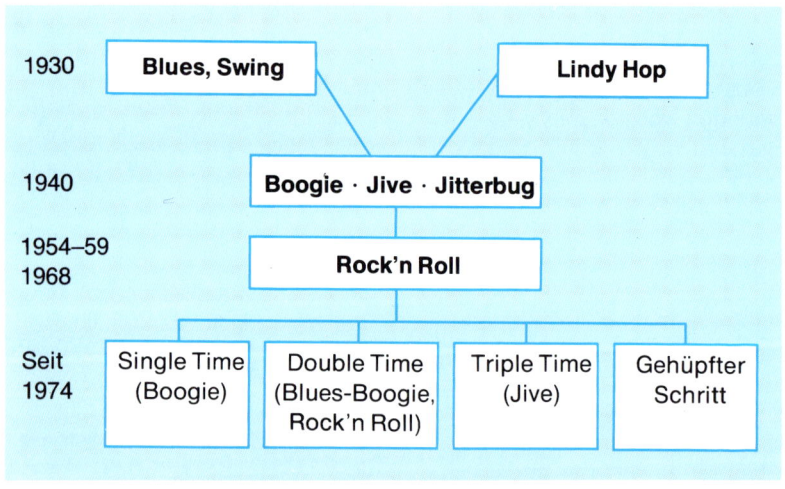

1930	**Blues, Swing**		**Lindy Hop**
1940	**Boogie · Jive · Jitterbug**		
1954–59 1968	**Rock'n Roll**		
Seit 1974	Single Time (Boogie) — Double Time (Blues-Boogie, Rock'n Roll) — Triple Time (Jive) — Gehüpfter Schritt		

Einführung

Charakterisierung

Rock'n Roll ist ein Tanz, der »stationär«, d. h. ohne Weiterbewegung im Raum, überwiegend in offener Position (siehe S. 30) ausgeführt wird. Somit nimmt er eine Stellung zwischen Paartänzen in geschlossener Tanzhaltung (z. B. Walzer) und freien Diskothektänzen ein. Ein ständiger Wechsel zwischen den unterschiedlichsten Tanzhaltungen und -fassungen charakterisiert diese Tanzform. Dabei bleibt trotz einer deutlichen Führung durch den Herrn beiden Partnern noch genügend Spielraum zur eigenen Entfaltung und zur Improvisation. Dazu gehören Variationen der verschiedenen Fuß- und Beinbewegungen genauso, wie Wechsel in der Intensität der einzelnen Bewegungen und rhythmische Tanzvarianten (Synkopen, Verzögerungen). Dieses spielerische, leichtfüßige und dabei doch sehr rhythmusbetonte Tanzen gibt dem Rock'n Roll schließlich seine Ausstrahlungskraft und Faszination.

Praktische Hinweise

Für das Rock'n Roll-Tanzen eignen sich solche Musikstücke besonders gut, die einen durchgehenden, deutlich hörbaren Taktschlag und einen klaren Rhythmus besitzen. Eine langsame bis mittlere Schnelligkeit (40–44 Takte pro Minute) ist für Anfänger und wenig Geübte zu empfehlen; später kann die Schnelligkeit je nach Sicherheit, Können und Kondition des einzelnen weiter gesteigert werden (bis zu etwa 52 Takten pro Minute).

Folgende Musikstücke sind zum Üben und Tanzen zu empfehlen:

Bill Haley:
See you later, Alligator
40 Takte/min. (siehe LP 1)
Flip, flop und fly
42 Takte/min. (siehe LP 1)
Shake, rattle & roll
42 Takte/min. (siehe LP 1)
Rock around the clock
44 Takte/min. (siehe LP 1)
Rock-a-beatin' Boogie
46 Takte/min. (siehe LP 1)
Picadilly rock
48 Takte/min. (siehe LP 2)
Come rock with me
48 Takte/min. (siehe LP 2)
Rip it up
50 Takte/min. (siehe LP 1)

Jerry Lee Lewis:
I'm on fire
42 Takte/min. (siehe LP 4)
Whole lotta shakin' going on
46 Takte/min. (siehe LP 4)
Chantilly lace
48 Takte/min. (siehe LP 4)

Fats Domino:
The Sheik of Araby
36 Takte/min. (siehe LP 5)
Jambalaya
38 Takte/min. (siehe LP 5)
My girl Josephine
38 Takte/min. (siehe LP 5)

① BILL HALEY / The legends of Rock / MCA CORAL 6.28191

② BILL HALEY / Rockin' / MCA CORAL CB–20015

③ BILL HALEY / Biggest Hits / Somerset 758

④ JERRY LEE LEWIS / I'm a Rokker / Mercury 6338602

⑤ FATS DOMINO / The Fats Domino Story / Liberty LBS 83456/57X

⑥ Versch. / Rock Rock Rock / Emi MFP 5019

Singles

RANDY RANDOLPH/Percolator
   42 Takte/min.
   RCA 47 – 7395

CHUCK HERRMANN
   Flip, flop and fly
   48 Takte/min. STEYRER-DISCO
   SD-524

HANK MIZELL/Animal Rock
   45 Takte/min.
   Bellaphon BF 18423

DANNY & THE JUNIORS/At the hop
   48 Takte/min.
   EMI – Electrola C 006 – 93839

Kleidung

Die Kleidung für den Rock'n Roll
Tänzer sollte in erster Linie zweckmäßig und dem jeweiligen Schwierigkeitsgrad angepaßt sein. Beschränkt sich das Paar ausschließlich auf Tanzfiguren, so genügen
Jeans oder auch ein weiter Rock
für die Damen. Bei Einbeziehung
von Figuren aus der Halbakrobatik
ist Kleidung aus dehnbarem Material mit genügend Bewegungsfreiheit unumgänglich; für die Akrobatik empfiehlt sich sportliche Be-
kleidung. Zur Akrobatik sind
außerdem Sportschuhe oder auch
Gymnastikschuhe obligatorisch
(Verletzungsgefahr!). Auch ist
darauf zu achten, daß weder
Schmuck und Uhren, noch
Gürtelschnallen oder sonstige,
verletzungsgefährliche Gegen-
stände getragen werden.

Kleidung

Tanz

*Für Rock'n Roll in Disko-
theken, der fast ausschließlich ohne Akrobatik getanzt
wird, sollte die Kleidung
bequem sein und Arm- und
Beinbewegungen nicht be-
hindern. Zweckmäßig sind
Schuhe mit glatter Sohle,
die Drehungen erleichtern.*

Kleidung

Halbakrobatik

Für die Halbakrobatik ist Kleidung aus dehnbarem Material erforderlich, mit der auch weite Bewegungen möglich sind. Für die Dame empfiehlt sich entweder ein kurzer Rock oder eine elastische Hose. Der Herr trägt in der Regel zweiteilige Kombination. Als Fußbekleidung dienen Gymnastik- oder Tennisschuhe.

Kleidung

Akrobatik

Die Showkleidung für Figuren aus der Akrobatik muß großen Belastungen standhalten, völlige Bewegungsfreiheit gewähren und genau passend angefertigt sein. Die Dame trägt meist einen Gymnastikanzug, der Herr einen durchgehenden Jazz-Anzug. Zum Turniertanzen eignen sich am besten rutschfeste Gymnastikschuhe.

Tänzerische

Rock'n Roll setzt sich aus mehreren einfachen Grundelementen zusammen, die zum Teil auch in Verwandtschaft zu anderen modernen Tanzformen (Disco-Dance, Jazz Dance) stehen. Diese Grundelemente, die im folgenden genau charakterisiert werden, sind in den verschiedenen Arten des Rock'n Roll enthalten und sollten somit am Übungsbeginn stehen. Sie sind zum allgemeinen Aufwärmen, aber auch zur Technikschulung zu empfehlen.

Überblick

Belastete Gehschritte

Gehen	Schrittverlagerungen	Dreierschritt/Chassé
am Ort		
vorwärts	rückwärts/vorwärts	am Ort
rückwärts	seitwärts/seitwärts	seitwärts
seitwärts		vorwärts
mit Drehungen		rückwärts
		mit Drehungen

Unbelastete Bewegungselemente
in Verbindung mit belasteten Gehschritten

tap + belasteter Schritt	kick + belasteter Schritt	kick ball change
am Ort	am Ort	am Ort
vorwärts	vorwärts	vorwärts
seitwärts	rückwärts	
rückwärts	mit Drehungen	
mit Drehung		

Hüpfschritte

Hüpfen	am Ort
	vorwärts
	seitwärts
	mit Drehungen

Grundelemente

Belastete Gehschritte

Gehen im Rock'n Roll-Stil

Dabei handelt es sich nicht um das natürliche Alltagsgehen, sondern um ein tänzerisches Gehen mit kleinen Schritten. Der Oberkörper ist aufrecht und bleibt beim Tanzen verhältnismäßig ruhig. Jeder Schritt wird mit leicht gebeugtem Knie auf dem Fußballen angesetzt. Bei der Gewichtsübertragung senkt sich die Ferse etwas (ohne jedoch den Boden zu berühren) und das Knie streckt sich fast. Die Schritte werden eng gesetzt.

Üben

- Gehen am Ort
- Gehen vorwärts oder rückwärts
- Gehen seitwärts mit kleinen Anstellschritten
- Gehen vorwärts mit einer engen Drehung nach rechts oder links

Üben

- Mehrmalige Schrittverlagerung rückwärts – vorwärts (rück – vor, rück – vor, . . .)

Schrittverlagerungen

Diese zweischrittigen Kombinationen werden am Ort entweder als Rückwärts – Vorwärtsbewegung oder als Seitwärts – Seitwärtsbewegung ausgeführt.
Bei der Schrittverlagerung rückwärts – vorwärts geht der Herr mit dem linken Fuß, die Dame mit dem rechten Fuß einen kleinen Schritt rückwärts; die Ferse senkt sich dabei leicht zu Boden, ohne ihn zu berühren, das Knie streckt sich fast, anschließend belastet der Herr den rechten Fuß, die Dame den linken Fuß am Ort. Jeder Schritt wird mit dem Fußballen angesetzt.
Dieser Schritt, in der Fachsprache auch als »Rockschritt« bezeichnet, liegt allen Arten des Rock'n Roll – ausgenommen dem gehüpften – zugrunde.

1   2

Schritte	Herr	Dame	Rhythmus	Zählweise
1	LF rückw.	RF rückw.	quick	1 (rück)
2	RF am Ort belasten	LF am Ort belasten	quick	2 (Ort)

Tänzerische

Bei der Schrittverlagerung seitwärts – seitwärts wird ein Fuß seitwärts gesetzt: Herr linker Fuß, Dame rechter Fuß. Anschließend wird der andere Fuß klein seitwärts gesetzt: Herr rechter Fuß, Dame linker Fuß (siehe Rock-Single Time, S. 36). Jeder Schritt wird mit leicht gebeugtem Knie und auf dem Fußballen angesetzt.

Üben

■ Mehrmalige Schrittverlagerungen seitwärts – seitwärts (seit – seit, seit – seit, . . .)

1 2

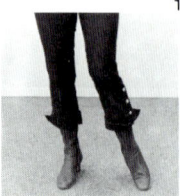 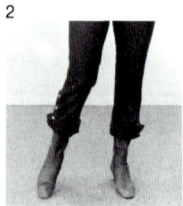

Schritte	Herr	Dame	Rhythmus	Zählweise
1	LF seitw.	RF seitw.	quick	1 (seit)
2	RF seitw.	LF seitw.	quick	2 (seit)

Dreierschritt / Chassé
Die Kombination aus 3 Schritten im Rhythmus »quick and quick« (4/4 Takt, Noten 3/16, 1/16, 1/4) wird als Chassé bezeichnet.
Beim Chassé seitwärts wird der erste Schritt seitwärts gesetzt, der zweite Schritt wird fast geschlossen und dabei nur halb belastet und der dritte Schritt erfolgt wieder seitwärts. Der Herr beginnt mit dem linken Fuß, die Dame mit dem rechten Fuß; dasselbe wird anschließend gegengleich getanzt (siehe Rock-Triple Time, S. 42). Jeder Schritt wird mit leicht gebeugtem Knie und auf dem Fußballen angesetzt.

Grundelemente

Beispiel: Chassé seitwärts

Schritte	Herr	Dame	Rhythmus	Zählweise
1	LF seitw.	RF seitw.	quick	1 (seit)
2	RF fast schließen	LF fast schließen	and	und
3	LF seitw.	RF seitw.	quick	2 (seit)
4	RF seitw.	LF seitw.	quick	3 (seit)
5	LF fast schließen	RF fast schließen	and	und
6	RF seitw.	LF seitw.	quick	4 (seit)

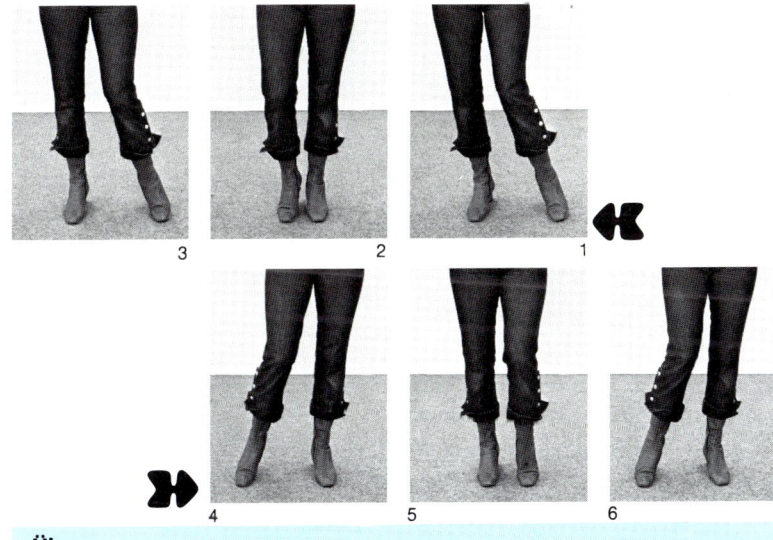

Üben

Chassé ■ am Ort ■ vorwärts ■ mit einer Drehung
 ■ seitwärts ■ rückwärts verbunden

21

Tänzerische

Unbelastete Bewegungselemente in Verbindung mit belasteten Gehschritten

Unter »unbelasteten Bewegungselementen« versteht man Fuß- und Unterschenkelaktionen mit leichter oder ohne Bodenberührung. Im Rock'n Roll werden bevorzugt Tap- und Kickschritte verwendet.

›tap‹ + belasteter Gehschritt
Unter ›tap‹ versteht man ein unbelastetes Aufsetzen des Fußes. Im Rock'n Roll wird der ›tap‹ stets mit dem Fußballen ausgeführt und in der Regel geschlossen zum Standfuß gesetzt. Der »Tapfuß« führt anschließend einen belasteten Schritt seitwärts, vorwärts, rückwärts oder mit einer Drehung aus.

Beispiel: Tapschritt seitwärts

Schritte	Herr	Dame	Rhythmus	Zählweise
1	LF tap schließen	RF tap schließen	quick	1 (tap)
2	LF seitw.	RF seitw.	quick	2 (seit)
3	RF tap schließen	LF tap schließen	quick	3 (tap)
4	RF seitw.	LF seitw.	quick	4 (seit)

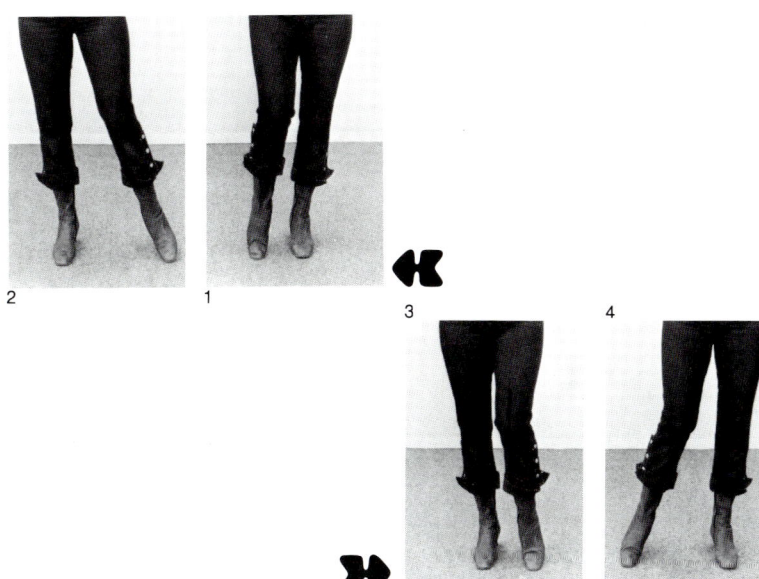

2   1   3   4

Üben

In verschiedenen Geschwindigkeiten: erst langsam, dann schneller; mehrmalige Wiederholung
- ›tap‹ schließen / Schritt seitw. / ›tap‹ schließen / Schritt seitw. / . . .
- ›tap‹ schließen / Schritt vorw. / ›tap‹ schließen / Schritt vorw. / . . .
- ›tap‹ schließen / Schritt rückw. / ›tap‹ schließen / Schritt rückw. / . . .
- ›tap‹ schließen / Schritt vorw. mit ¹/₄ oder ¹/₂ Drehung nach rechts oder links / . . .

›kick‹ + belasteter Gehschritt

Unter ›kick‹ versteht man ein Ausschleudern des Unterschenkels. Im Rock'n Roll wird der ›kick‹ nach vorwärts oder schräg vorwärts ausgeführt, wobei das zunächst angehobene und damit gebeugte Knie schnellkräftig gestreckt wird.

Beim Zurückführen das Beins wird das Knie wieder angebeugt und der Kickfuß neben den Standfuß zurückgestellt. Das Ausschleudern und Zurückstellen ist eine durchgehende Bewegung (nicht in gestreckter Haltung verharren!).

Tänzerische

Beispiel: Kickschritt am Ort

Schritte	Herr	Dame	Rhythmus	Zählweise
1	Linkes Knie beugen LF kick schräg vorw.	Rechtes Knie beugen RF kick vorw.	quick	und 1 (kick)
2	Linkes Knie beugen LF belastet schließen	Rechtes Knie beugen RF belastet schließen	quick	und 2 (schließ)
3	Rechtes Knie beugen RF kick schräg vorw.	Linkes Knie beugen LF kick vorw.	quick	und 3 (kick)
4	Rechtes Knie beugen RF belastet schließen	Linkes Knie beugen LF belastet schließen	quick	und 4 (schließ)

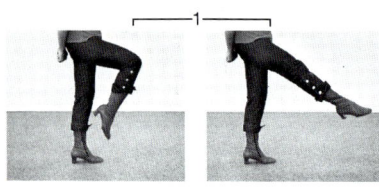 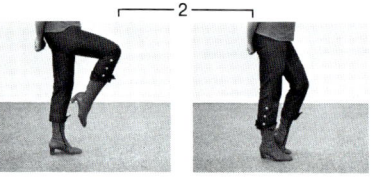

Üben

In verschiedenen Geschwindigkeiten: erst langsam, dann schneller; mehrmalige Wiederholung

- ›kick‹ / Schritt am Ort / ›kick‹ / Schritt am Ort / . . .
- ›kick‹ / Schritt vorw. / ›kick‹ / Schritt vorw. / . . .
- ›kick‹ / Schritt rückw. / ›kick‹ / Schritt rückw. / . . .
- ›kick‹ / Schritt vorw. mit $1/4$ oder $1/2$ Drehung nach rechts oder links / . . .

Grundelemente

›kick ball change‹

Diese dreischrittige Kombination setzt sich zusammen aus:

- ›kick‹, einem Anheben und Beugen des Knies mit einem anschließenden, schnellkräftigen Ausschleudern des Unterschenkels nach vorwärts oder schräg vorwärts.
- ›ball‹, dem Zurückstellen des Kickfußes auf den Fußballen neben den Standfuß. Dabei geht die Belastung für kurze Zeit auf den Kickfuß über (halb belastet); der Standfuß verläßt kurzzeitig den Boden.
- ›change‹, dem Wiederbelasten des Standfußes.

Der ›kick ball change‹ wird in der Regel beim Herrn mit dem linken Fuß nach vorwärts, bei der Dame mit dem rechten Fuß nach schräg vorwärts (oder vorwärts) ausgeführt.

Schritte	Herr	Dame	Rhythmus	Zählweise
1	LF kick vorw.	RF kick schräg vorw. (od. vorw.)	quick ($^3/_{16}$)	1 (kick)
2	LF schließen $^1/_2$ belasten	RF schließen $^1/_2$ belasten	and ($^1/_{16}$)	und (ball)
3	RF belasten am Ort	LF belasten am Ort	quick ($^1/_4$)	2 (change)

1   2   3

Üben

In verschiedenen Geschwindigkeiten: erst langsam, dann schneller

- ›kick ball change‹ am Ort mehrmalige Wiederholung

- ›kick ball change‹ vorw.: der ›ball‹ wird dabei neben dem Standfuß aufgesetzt, der ›change‹ wird etwa zwei Fußlängen nach vorwärts getanzt.

25

Tänzerische

Hüpfschritte

Das Hüpfen im Rock'n Roll-Stil ist aus den bereits beschriebenen Kickschritten leicht aufzubauen. Beim ›kick‹ bleibt der Standfuß nicht stehen, sondern führt zwei Hüpfschritte, auch ›hops‹ genannt, aus. Die Hüpfschritte werden jeweils mit der Beugung des Kickknies eingeleitet. Der erste ›hop‹ erfolgt auf das Anheben des Kickknies *vor* dem ›kick‹, der zweite ›hop‹ auf die Beugung des Kickknies *nach* dem ›kick‹.

Der Oberkörper bleibt dabei trotz des ständigen Hüpfens relativ ruhig.

Schritte	Herr	Dame	Rhythmus	Zählweise
1	Linkes Knie beugen, RF hop	Rechtes Knie beugen, LF hop	and	und
	LF kick schräg vorw.	RF kick vorw.	quick	1 (kick)
2	Linkes Knie beugen, RF hop	Rechtes Knie beugen, LF hop	and	und
	LF belasten am Ort	RF belasten am Ort	quick	2 (schließ)
3	Rechtes Knie beugen, LF hop	Linkes Knie beugen, RF hop	and	und
	RF kick schräg vorw.	LF kick vorw.	quick	3 (kick)
4	Rechtes Knie beugen, LF hop	Linkes Knie beugen, RF hop	and	und
	RF belasten am Ort	LF belasten am Ort	quick	4 (schließ)

Grundelemente

Üben

Aus der Grundstellung auf den
Fußballen beidbeiniges Abheben
und Senken der Fersen.

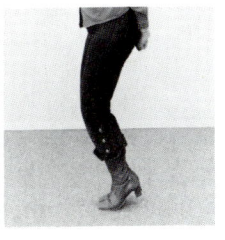
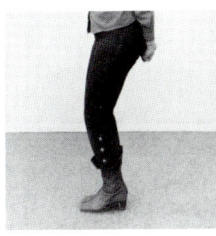

Kickschritte am Ort mit Heben und
Senken des Standfußes. Beim Anheben des Kickknies leichtes Anheben der Standbeinferse, beim
›kick‹ leichtes Senken der Standbeinferse; beim Anheben des
Kickknies leichtes Anheben der
Standbeinferse, beim Aufsetzen
des Kickfußes leichtes Senken der
Standbeinferse.

1

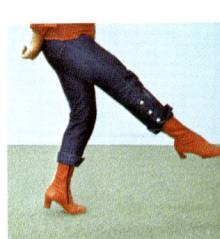

2

3

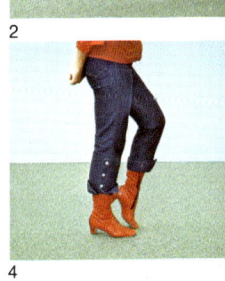

4

Hüpfschritte am Ort (Beschreibung
siehe S. 26). Es empfiehlt sich, mit
den Kickschritten am Ort zu beginnen, allmählich das Auf- und Abfedern des Standfußes hinzuzuneh-
men und diese Bewegung mit der
Zeit in ›hops‹ überzuführen. Eine
erste Bewegungshilfe kann auch
das Üben zwischen zwei Stühlen
sein.
Hüpfschritte in der Fortbewegung.
Zunächst am Ort beginnen, dann
in ein Hüpfen vorwärts übergehen;
später auch $1/4$ oder $1/2$ Drehungen
einbauen. Zur Abwechslung auch
Hüpfer rückwärts im Wechsel mit
Hüpfern vorwärts.

Tänzerische Grundelemente

Improvisation:
Neben den Hüpfschritten mit verschiedenen Fortbewegungsrichtungen und Drehungen, können an dieser Stelle schon einige Variationen des Hüpfschritts ausprobiert und geübt werden:

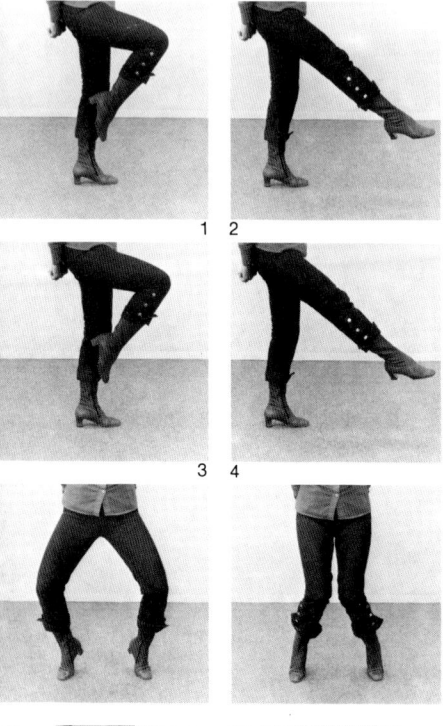

»Double-kick«: Zweimalige Kickbewegung mit dem rechten Fuß (in der gleichen Zeit, in der gewöhnlich ein ›kick‹ ausgeführt wird!), dann mit dem linken Fuß

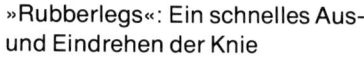

»Rubberlegs«: Ein schnelles Aus- und Eindrehen der Knie

 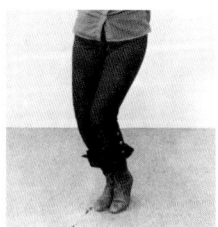

»Twist«: Ein beidbeiniges Drehen der geschlossenen Knie nach links und rechts

Tanzfassungen

Bei der Beschreibung und Erklärung der einzelnen Rock'n Roll-Figuren muß immer wieder auf die Ausgangs- und Endstellung der Tänzer Bezug genommen werden. Dabei spielt auch die unterschiedliche Tanzfassung, d. h. die Arm- und Handhaltung eine Rolle. Im folgenden werden die im Rock'n Roll gebräuchlichsten Aufstellungsformen mit den dazugehörigen Tanzfassungen beschrieben.

Gegenüberstellung

Die Partner stehen sich gegenüber mit der Front zueinander.

Geschlossene Position
Die Partner stehen sich mit etwa 15 cm Abstand gegenüber. Der Herr legt seine rechte Hand in Höhe der Taille auf den Rücken der Dame, seine linke Hand faßt die rechte Hand der Dame in Hüfthöhe von unten außen (Arme leicht angewinkelt). Die Dame legt ihre linke Hand auf den rechten Oberarm des Herrn.

Offene Position
Einhandfassung
Die Partner stehen sich etwa eine Armlänge entfernt gegenüber. Der Herr faßt mit seiner linken Hand die rechte Hand der Dame. Die freien Arme werden leicht angewinkelt seitwärts gehalten.
Als Variation kann auch die rechte Hand des Herrn die rechte Hand der Dame fassen; (siehe American Spin, S. 66)

Zweihandfassung
Der Herr faßt von außen beide Hände der Dame (siehe Schieber vorwärts, S. 102).

Unterarmfassung
Der Herr faßt von unten beide Unterarme der Dame (siehe Schieber vorwärts – rückwärts, S. 101).

Butterflyfassung
Die Partner fassen sich mit seitlich ausgebreiteten, fast gestreckten Armen (siehe Alexander, S. 84).

Kreuzfassung
Die Partner fassen sich mit gekreuzten Händen, wobei entweder die rechten oder die linken Hände oben gefaßt sind (siehe Figurenfolge, S. 71).

Tanzfassungen

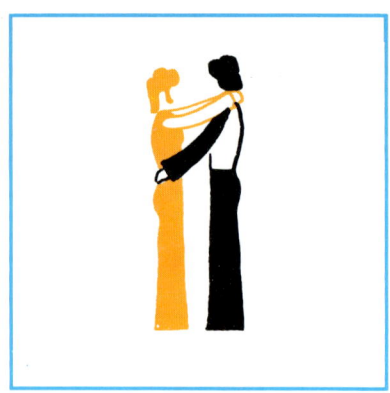

Hüfthalsfassung
Der Herr umfaßt mit beiden Händen die Hüften der Dame, die Dame mit Flechtfassung den Hals des Herrn (siehe Grätschsprung, S. 99; Hüftsprung, S. 100).

Promenadenstellung

Die Partner stehen schräg zueinander, in V-förmiger Stellung; die Dame steht an der rechten Seite des Herrn. Arm- und Handhaltung entsprechen der geschlossenen Position (siehe Grundschritt, S. 36, Herbewegung, S. 53).

Hintereinanderstellung

Die Partner stehen hintereinander, Front in die gleiche Richtung.

Oberarmfassung
Der Herr faßt mit beiden Händen oder beiden Unterarmen die seitlich ausgebreiteten Arme der Dame (siehe Rückfaller, S. 103).

Nebeneinanderstellung

Die Partner stehen nebeneinander
mit Front in die gleiche Richtung.

Zweihandfassung links bzw. rechts

Die linke Hand des Herrn faßt die
linke Hand der Dame in Schulter-
höhe, die rechte Hand des Herrn
faßt hinter dem Rücken der Dame
die rechte Hand der Dame in Hüfthöhe. Dasselbe ist auch gegengleich möglich (siehe Figurenfolge, S. 70).

Verschiedene Grundtechniken

Durch die geschichtliche Entwicklung haben sich bis heute viele verschiedene Formen des Rock'n Roll-Tanzens herauskristallisiert. In diesem Kapitel werden die wichtigsten Grundtechniken vorgestellt:

Rock – Single Time
(Viererschritt)
Diese schon etwas ältere Form – auch als »Boogie« oder »Boogie Woogie« bekannt – wird heute nicht mehr so häufig getanzt.

Rock – Double Time
(Sechserschritt)
Dieser Sechserschritt kann in zwei Variationen ausgeführt werden; einmal als »Blues-Boogie« und zum anderen als »Rock'n Roll der siebziger Jahre«.

Rock – Triple Time
(Achterschritt)
Als sog. »Jive« ist dieser Achterschritt im Welttanzprogramm der Tanzschulen sowie als Turniertanz in der Sektion der Lateinamerikanischen Tänze enthalten. Er wird heute beim freien Tanzen am häufigsten verwendet.

Gehüpfter Rock'n Roll
(Sprungschritt)
Die gehüpfte Art des Rock'n Roll-Tanzens ist am sportlichsten; sie ist bei allen derzeitigen Rock'n Roll-Turnieren obligatorisch.

Allen diesen Grundtechniken sind einige Merkmale gemeinsam:

- Alle Grundschritte gehen über 1 $\frac{1}{2}$ Takte (= 6 Zählzeiten).
- Alle Grundschritte – ausgenommen der gehüpfte Rock'n Roll – werden mit dem »Rockschritt« (Herr: LF rückw./RF belasten am Ort; Dame gegengleich) eingeleitet.
- Alle Schritte werden auf dem Fußballen angesetzt.
- Der Oberkörper bleibt während des Tanzens verhältnismäßig ruhig.

Im Laufe der Entwicklung haben sich auch Unterschiede herausgestellt, u. a. wie der jeweilige Grundschritt begonnen wird: Bei der ersten Variante wird zuerst mit dem »Rockschritt« (»rückw. / belasten am Ort«) bzw. beim gehüpften Rock'n Roll mit dem ›kick ball change‹ (Zählzeit 1, 2) begonnen.

Bei der zweiten Variante werden zuerst die Seitwärtsschritte bzw. beim gehüpften Rock'n Roll die Kickschritte getanzt (Zählzeit 3–6).

In diesem Buch wird die erste Variante in Angleichung an die Bestimmungen des Allgemeinen Deutschen Tanzlehrerverbandes verwendet.

Grundschritt Boogie

Viererschritt

Ausgangsstellung: Geschlossene Position

Schritte	Herr	Dame	Rhythmus	Zählweise
1	LF rückw.	RF rückw.	quick ($^1/_4$)	1 (rück)
2	RF belasten am Ort	LF belasten am Ort	quick ($^1/_4$)	2 (Ort)
3	LF seitw.	RF seitw.	slow ($^1/_2$)	3,4 (seit)
4	RF seitw.	LF seitw.	slow ($^1/_2$)	5,6 (seit)

Endstellung: Geschlossene Position

1

2

3

4

Grundschritt Blues Boogie

Sechserschritt

Ausgangsstellung: Geschlossene Position

Schritte	Herr	Dame	Rhythmus	Zählweise
1	LF rückw.	RF rückw.	quick (¹/₄)	1 (rück)
2	RF belasten am Ort	LF belasten am Ort	quick (¹/₄)	2 (Ort)
3	LF seitw.	RF seitw.	quick (¹/₄)	3 (seit)
4	RF tap schließen	LF tap schließen	quick (¹/₄)	4 (tap)
5	RF seitw.	LF seitw.	quick (¹/₄)	5 (seit)
6	LF tap schließen	RF tap schließen	quick (¹/₄)	6 (tap)

Endstellung: Geschlossene Position

Rock-Double Time

1   2

3   4

6   5

Grundschritt Rock'n Roll

Sechserschritt

Ausgangsstellung: Geschlossene Position

Schritte	Herr	Dame	Rhythmus	Zählweise
1	LF rückw.	RF rückw.	quick ($^1/_4$)	1 (rück)
2	RF belasten am Ort	LF belasten am Ort	quick ($^1/_4$)	2 (Ort)
3	LF tap schließen	RF tap schließen	quick ($^1/_4$)	3 (tap)
4	LF seitw.	RF seitw.	quick ($^1/_4$)	4 (seit)
5	RF tap schließen	LF tap schließen	quick ($^1/_4$)	5 (tap)
6	RF seitw.	LF seitw.	quick ($^1/_4$)	6 (seit)

Endstellung: Geschlossene Position

Rock-Double Time

1

2

3

4

6

5

Grundschritt Jive

Achterschritt

Ausgangsstellung: Geschlossene Position

Schritte	Herr	Dame	Rhythmus	Zählweise
1	LF rückw.	RF rückw.	quick ($1/4$)	1 (rück)
2	RF belasten am Ort	LF belasten am Ort	quick ($1/4$)	2 (Ort)
3	LF seitw.	RF seitw.	quick ($3/16$)	3 (seit)
4	RF fast schließen	LF fast schließen	and ($1/16$)	und
5	LF seitw.	RF seitw.	quick ($1/4$)	4 (seit)
6	RF seitw.	LF seitw.	quick ($3/16$)	5 (seit)
7	LF fast schließen	RF fast schließen	and ($1/16$)	und
8	RF seitw.	LF seitw.	quick ($1/4$)	6 (seit)

Endstellung: Geschlossene Position

1

2

3

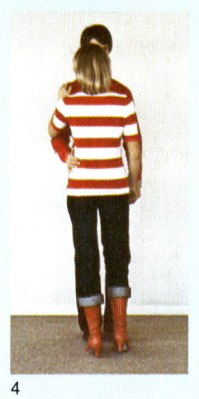

4

5

8

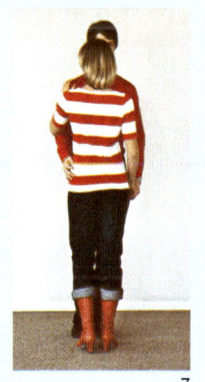

7

6

Grundschritt

Sprungschritt (Neunerschritt)

Ausgangsstellung: Offene Position

Schritte	Herr	Dame	Rhythmus	Zählweise
1	RF hop 　LF kick vorw.	LF hop 　RF kick vorw.	quick ($3/_{16}$)	1　(kick)
und	LF schließen 　$1/_2$ belasten	RF schließen 　$1/_2$ belasten	and ($1/_{16}$)	und (ball)
2	RF belasten 　am Ort	LF belasten 　am Ort	quick ($1/_4$)	2 (change)
3	RF hop 　LF kick vorw.	LF hop 　RF kick vorw.	quick ($3/_{16}$)	3　(kick)
und	RF hop	LF hop	and ($1/_{16}$)	und (und)
4	LF schließen	RF schließen	quick ($1/_4$)	4 (schließ)
5	LF hop 　RF kick vorw.	RF hop 　LF kick vorw.	quick ($3/_{16}$)	5　(kick)
und	LF hop	RF hop	and ($1/_{16}$)	und (und)
6	RF schließen	LF schließen	quick ($1/_4$)	6 (schließ)

Endstellung: Offene Position
Hinweis: Während *eines* ›kicks‹ mit dem Kickbein werden *zwei* ›hops‹ mit dem Standbein ausgeführt (siehe ›kick‹ S. 23; ›kick ball change‹ S. 25; »Hüpfschritte« S. 26)

Gehüpfter Rock'n Roll

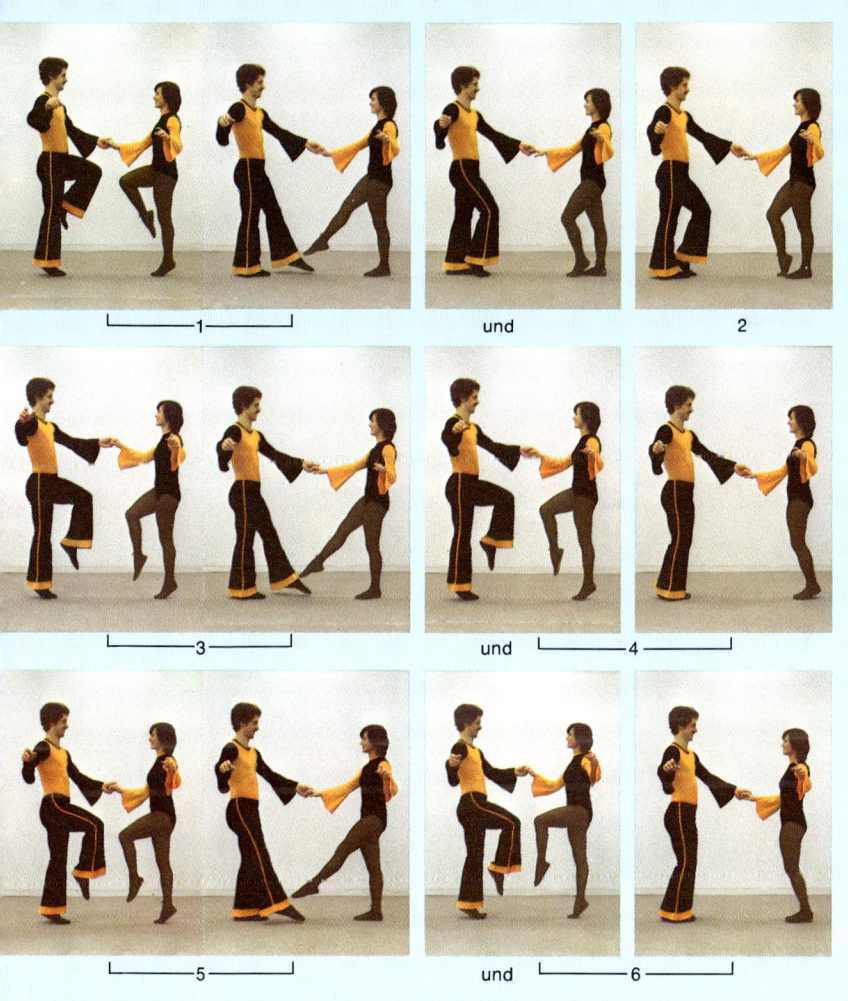

1   und   2

3   und   4

5   und   6

Gehüpfter Rock'n Roll

Sprungschritt (Sechserschritt)

Für den Rock'n Roll Tänzer, der den Sprungschritt neu erlernt, empfiehlt sich zu Beginn eine etwas vereinfachte Form des gehüpften
Rock'n Rolls, der Sechserschritt. Dabei wird jeweils das zweite »hop«
des Standbeins und das Schließen des Kickbeins gleichzeitig ausgeführt.

Ausgangsstellung: Offene Position

Schritte	Herr	Dame	Rhythmus	Zählweise
1	RF hop LF kick seitw.	LF hop RF kick vorw.	quick ($^1/_4$)	1 (kick)
2	RF hop LF schließen	LF hop RF schließen	quick ($^1/_4$)	2 (schließ)
3	RF hop LF kick vorw.	LF hop RF kick vorw.	quick ($^1/_4$)	3 (kick)
4	RF hop LF schließen	LF hop RF schließen	quick ($^1/_4$)	4 (schließ)
5	LF hop RF kick vorw.	RF hop LF kick vorw.	quick ($^1/_4$)	5 (kick)
6	LF hop RF schließen	RF hop LF schließen	quick ($^1/_4$)	6 (schließ)

Endstellung: Offene Position

Gehüpfter Rock'n Roll

Vereinfachter (flacher) Sprungschritt

Für diejenigen, die zwar eine Art Sprungschritt tanzen möchten, denen aber das ständige Hüpfen auf die Dauer zu anstrengend erscheint, wird noch eine weitere Variante vorgeschlagen, bei der die »hop« durch ein Federn auf dem Fußballen des Standbeins ersetzt wird.

Ausgangsstellung: Offene Position

Schritte Herr	Dame	Rhythmus	Zählweise
1	LF rückw.	RF rückw.	quick ($^1/_4$)	1 (rück)
2	RF belasten am Ort	LF belasten am Ort	quick ($^1/_4$)	2 (Ort)
3	LF kick vorw.	RF kick vorw.	quick ($^1/_4$)	3 (kick)
4	LF schließen	RF schließen	quick ($^1/_4$)	4 (schließ)
5	RF kick vorw.	LF kick vorw.	quick ($^1/_4$)	5 (kick)
6	RF schließen	LF schließen	quick ($^1/_4$)	6 (schließ)

Endstellung: Offene Position

Im Folgenden wird auf die beiden heute beim freien Tanzen gebräuchlichsten Rock'n Roll-Techniken weiter eingegangen: Auf den Rock-Triple Time und auf den gehüpften Rock'n Roll. Die Grundschritte dieser beiden Techniken wurden dabei bewußt mit farbigen Bildern illustriert.

Jedoch können selbstverständlich die verschiedenen Rock'n Roll-Tanzarten (Single Time, Double Time, Triple Time, Gehüpfter Rock'n Roll) nebeneinander getanzt werden.

Rock'n Roll – Triple Time

Einführung

Wie bereits im geschichtlichen Abriß und im Überblick über die Grundtechniken erwähnt wurde, handelt es sich beim Rock-Triple Time um eine Schrittfolge, die auf dem »Rockschritt« (siehe S. 19) und zwei dreischrittigen Kombinationen (Chassés siehe S. 21) aufgebaut ist. Daher wird er auch »Achterschritt« genannt.

Als sog. »Jive« ist der Rock-Triple Time einer der fünf Turniertänze der lateinamerikanischen Amateur- und Professionalwettbewerbe. Mit Grundschritt und einfachen Figurenfolgen ist er auch für Anfänger in das Welttanzprogramm aufgenommen.

In diesem Buch werden nicht die typischen Figurenfolgen des Jive dargestellt, sondern vielmehr Figuren, die auch in den anderen Rock'n Roll-Techniken getanzt werden können (insbesondere im Rock-Double Time und im gehüpften Rock'n Roll).

Eine methodische Entwicklung zum gehüpften Rock'n Roll ist in vielen Tanzschulen über den Rock-Double Time gebräuchlich und auch sinnvoll.

Jedoch hat die Praxis über viele Jahre gezeigt, daß der Rock-Triple Time leichter erlernbar ist; außerdem sind die Figurenfolgen mit dem zugrundeliegenden Achterschritt faßbarer und in der freien Anwendung auf dem Tanzparkett vor allem mit fremden Partnern wesentlich verbreiteter.

Wenn jedoch der eine oder andere Tanzstundenschüler die Vorstufe des Rock-Double Time – also mit Tapschritten oder eventuell auch mit Kickschritten – erlernt haben sollte, bleibt es ihm freigestellt, die hier im Rock-Triple Time aufgezeichneten Figuren zu übertragen; anstelle der Dreierschritte (Jive-Chassés) sind in diesem Fall die Tap- bzw. die Kickschritte zu setzen.

Es wird nochmals darauf hingewiesen, daß die Schritte »1«, »2« bei allen Grundtechniken mit Ausnahme des Sprungschritts immer gleich sind; die weiteren Schritte ändern sich je nach Rhythmus.

Schritte		Rhythmus		Bezeichnung
3	4	1/2	1/2	Single Time
3, 4	5, 6	1/4, 1/4	1/4, 1/4	Double Time
3, 4, 5	6, 7, 8	3/16, 1/16, 1/4	3/16, 1/16, 1/4	Triple Time

Rock'n Roll – Triple Time

Tips zur Technik

Auf die Fußarbeit wurde bereits bei den »tänzerischen Grundelementen« (»Rockschritt«, »Chassé«, siehe S. 21) hingewiesen. Auch die Schrittfolge des Grundschritts wurde behandelt (siehe S. 42).

Ein rhythmischer Ausdruck wird dadurch erreicht, daß jeder Schritt mit leicht gebeugtem Knie und auf dem Fußballen angesetzt wird. Mit dem Übernehmen des Gewichts auf den Fuß senkt sich die Ferse, das Knie streckt sich. Während aller getanzten Schritte bleibt der Oberkörper relativ ruhig.

Weiterhin ist zu beachten, daß der sog. »Rockschritt« (für den Herrn linker Fuß rückwärts, anschließend rechter Fuß belasten am Ort; die Dame gegengleich) nicht zu groß ausgeführt werden soll, mitunter sogar nur mit zwei Schritten am Ort oder als Schritt am Ort (schließen) und einem Vorwärtsschritt getanzt wird. Diese letzte Ausführung wird von der Dame und vom Herrn bei jeder Form des Vorwärtsgehens verwendet.

Das sog. »Chassé« (Dreierschritte siehe S. 21) kann je nach Figur seitwärts, vorwärts, rückwärts oder am Ort mit verschiedenen Drehungsumfängen getanzt werden.

Tips zum Lernen

Im folgenden werden einige einfache Figuren in ihrer Schrittfolge für den Herrn und die Dame beschrieben, dazu Ausgangs- und Endstellung der Partner zueinander, Tanzhaltung, Rhythmus und Zählweise.

Im Lernprozeß sollte als erstes die dargestellte Tanzfigur genau studiert und ohne die einzelnen Tanzschritte eingeübt werden (nur Vorwärts- oder Rückwärtsbewegungen, Drehungen, Handfassungen und Armhaltungen). Danach folgen Versuche ohne Musik – nur nach der angegebenen Zählweise; erst dann sollte die einzelne Figur zu nicht allzu schneller Musik getanzt werden.

Im Anschluß an jede Figur wird jeweils eine Möglichkeit für die Zusammensetzung der Figuren – was kann vorausgehen, was kann anschließend folgen – angegeben (jeweils abgekürzt mit: »Vorher- – Nachher«). Auch diese Figurenfolgen können zunächst wieder ohne, dann mit Musik geübt werden. Einige Anregungen zum freien Tanzen runden dieses Kapitel ab.

Triple Time

Figuren von der geschlossenen in die offene Position und von der offenen in die geschlossene Position

Von der geschlossenen in die offene Position können die Figuren
- Hinbewegung
- Damenrechtsdrehung

und von der offenen in die geschlossene Position die Figuren
- Herbewegung
- Damenlinksdrehung

getanzt werden.

Für den Anfang empfiehlt es sich, jeweils eine Figur von der geschlossenen in die offene und von der offenen wieder zurück in die geschlossene Position zu tanzen. Bei Figuren, die aus der geschlossenen Position beginnen, drehen der Herr und die Dame auf Schritt »1« in die Promenadenstellung (siehe S. 32) und nehmen bei Schritt »3« wieder die Gegenüberstellung ein.

Triple Time

Hinbewegung (oder: Öffnen nach links)

Vorher: Grundschritt
Ausgangsstellung: Geschlossene Position, Tanzhaltung

Schritte	Herr		Dame		Zählweise
1	LF rückw.		RF rückw.		1
2	RF belasten am Ort		LF belasten am Ort		2
3	LF		RF		3
4	RF	Chassé seitw. nach links	LF	Chassé seitw. nach rechts	und
5	LF		RF		4
6	RF		LF		5
7	LF	Chassé am Ort	RF	Chassé rückw.	und
8	RF		LF		6

Drehung: Auf die Schritte 3–8 tanzen Herr und Dame je ¼ Linksdrehung.

Schritt 5

Schritt 8

Endstellung: Offene Position, Einhandfassung Herr links – Dame rechts
Nachher: Herbewegung

Hin- und Herbewegung

Herbewegung (oder: Schließen nach rechts)

Vorher: Hinbewegung
Ausgangsstellung: Offene Pos., Einhandfassung Herr links – Dame rechts

Schritte	Herr	Dame	Zählweise
1	LF rückw.	RF rückw. (oder RF schließen)	1
2	RF belasten am Ort	LF belasten am Ort (oder LF vorw.)	2
3	LF ⎫	RF ⎫	3
4	RF ⎬ Chassé am Ort	LF ⎬ Chassé vorw.	und
5	LF ⎭	RF ⎭	4
6	RF ⎫	LF ⎫	5
7	LF ⎬ Chassé seitw. nach rechts	RF ⎬ Chassé seitw. nach links	und
8	RF ⎭	LF ⎭	6

Drehung: Auf die Schritte 3–8 tanzen Herr und Dame je ¹/₄ Rechtsdrehung.

Schritt 5

Schritt 8

Endstellung: Geschlossene Position, Tanzhaltung
Nachher: Grundschritt

Triple Time

Damenrechtsdrehung

Vorher: Grundschritt
Ausgangsstellung: Geschlossene Position, Tanzhaltung

Schritte	Herr		Dame		Zählweise
1	LF rückw.		RF rückw.		1
2	RF belasten am Ort		LF belasten am Ort		2
3	LF		RF		3
4	RF	Chassé seitw. nach links	LF	Chassé seitw. nach rechts	und
5	LF		RF		4
6	RF		LF		5
7	LF	Chassé am Ort	RF	Chassé rückw.	und
8	RF		LF		6

Drehung: Auf die Schritte 3–8 führt der Herr ¹/₄ Linksdrehung aus. Die Damendrehung (³/₄ Rechtsdrehung) erfolgt bei Schritt 5 und wird auf die Schritte 6–8 zu Ende geführt. Sie kann unter dem erhobenen linken Arm des Herrn oder ohne Handfassung getanzt werden.

Schritt 5

Schritt 8

Endstellung: Offene Position, Einhandfassung Herr links – Dame rechts
Nachher: Herbewegung oder Damenlinksdrehung

Damendrehungen

Damenlinksdrehung

Vorher: Damenrechtsdrehung
Ausgangsstellung: Offene Pos., Einhandfassung Herr links – Dame rechts

Schritte	Herr	Dame	Zählweise
1	LF rückw.	RF rückw. (oder RF schließen)	1
2	RF belasten am Ort	LF belasten am Ort (oder LF vorw.)	2
3	LF ⎫	RF ⎫	3
4	RF ⎬ Chassé am Ort	LF ⎬ Chassé vorw.	und
5	LF ⎭	RF ⎭	4
6	RF ⎫	LF ⎫	5
7	LF ⎬ Chassé seitw. nach rechts	RF ⎬ Chassé seitw. nach links	und
8	RF ⎭	LF ⎭	6

Drehung: Auf die Schritte 3–8 führt der Herr ¼ Rechtsdrehung aus. Die Damendrehung (³/₄ Linksdrehung) erfolgt bei Schritt 5 und wird auf die Schritte 6–8 zu Ende geführt. Sie wird unter dem erhobenen linken Arm des Herren getanzt.

Schritt 5

Schritt 8

Endstellung: Geschlossene Position, Tanzhaltung
Nachher: Grundschritt

Triple Time

Figuren von der offenen in die offene Position

Diese Figuren können beliebig aneinander gereiht werden, aber auch mit Figuren in die geschlossene Position und von der geschlossenen in die offene Position kombiniert werden.

Die wichtigsten Figuren werden im folgenden dargestellt:

- »Platzwechsel« (Platzwechsel mit Damenlinksdrehung)
- »Herrenwechsel« (Platzwechsel mit Herrenlinksdrehung)
- »Handwechsel« (Platzwechsel mit Handwechsel hinter dem Rücken des Herrn)
- »Dame – Herr« (Platzwechsel mit Damenlinksdrehung und Herrenlinksdrehung)
- »Spin« (Damenrechtsdrehung am Ort; dafür ist auch der Name »American Spin« gebräuchlich).

Triple Time

Platzwechsel mit Damenlinksdrehung

Vorher: Damenrechtsdrehung
Ausgangsstellung: Offene Position, Einhandfassung Herr links – Dame rechts

Schritte	Herr	Dame	Zählweise
1	LF rückw. (oder LF schließen	RF rückw. (oder RF schließen	1
2	RF belasten am Ort (oder RF vorw.)	LF belasten am Ort (oder LF vorw.)	2
3	LF ⎫	RF ⎫	3 (vor)
4	RF ⎬ Chassé vorw.	LF ⎬ Chassé vorw.	und
5	LF ⎭	RF ⎭	4 (vor)
6	RF ⎫	LF ⎫	5 (rück)
7	LF ⎬ Chassé rückw.	RF ⎬ Chassé rückw.	und
8	RF ⎭	LF ⎭	6 (rück)

Drehung: Auf die Schritte 3–8 führt der Herr $1/2$ Rechtsdrehung aus. Die Damendrehung ($1/2$ Linksdrehung) erfolgt auf die Schritte 3–8 unter dem erhobenen linken Arm des Herrn.

Endstellung: Offene Position, Einhandfassung Herr links – Dame rechts
Nachher: Platzwechsel oder Herbewegung

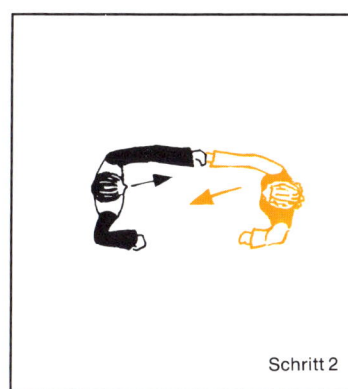

Schritt 2

Schritt 5

Schritt 8

Triple Time

Platzwechsel mit Herrenlinksdrehung

Vorher: Platzwechsel
Ausgangsstellung: Offene Position, Einhandfassung Herr links – Dame rechts

Schritte	Herr	Dame	Zählweise
1	LF rückw. (oder LF schließen)	RF rückw. (oder RF schließen)	1
2	RF belasten am Ort (oder RF vorw.)	LF belasten am Ort (oder LF vorw.)	2
3	LF ⎫	RF ⎫	3 (vor)
4	RF ⎬ Chassé vorw.	LF ⎬ Chassé vorw.	und
5	LF ⎭	RF ⎭	4 (vor)
6	RF ⎫	LF ⎫	5 (rück)
7	LF ⎬ Chassé rückw.	RF ⎬ Chassé rückw.	und
8	RF ⎭	LF ⎭	6 (rück)

Drehung: Auf die Schritte 3–8 führt der Herr $1/2$ Linksdrehung unter seinem erhobenen linken Arm aus, während die Dame $1/2$ Rechtsdrehung tanzt.

Endstellung: Offene Position, Einhandfassung Herr links – Dame rechts
Nachher: Platzwechsel oder Herbewegung

Schritt 2

Schritt 4

Schritt 5

Schritt 8

Triple Time

Platzwechsel mit Handwechsel
hinter dem Rücken des Herrn

Vorher: Platzwechsel
Ausgangsstellung: Offene Position, Einhandfassung Herr links – Dame rechts

Schritte	Herr	Dame	Zählweise
1	LF rückw. (oder LF schließen)	RF rückw. (oder RF schließen)	1
2	RF belasten am Ort (oder RF vorw.)	LF belasten am Ort (oder LF vorw.)	2
3	LF ⎫	RF ⎫	3 (vor)
4	RF ⎬ Chassé vorw.	LF ⎬ Chassé vorw.	und
5	LF ⎭	RF ⎭	4 (vor)
6	RF ⎫	LF ⎫	5 (rück)
7	LF ⎬ Chassé rückw.	RF ⎬ Chassé rückw.	und
8	RF ⎭	LF ⎭	6 (rück)

Drehung: Auf die Schritte 3–8 führt der Herr $1/2$ Linksdrehung aus, wobei er mit seiner rechten Hand die rechte Hand der Dame faßt und diese hinter seinem Rücken wieder in seine linke Hand wechselt. Die Dame tanzt währenddessen $1/2$ Rechtsdrehung.

Endstellung: Offene Position, Einhandfassung Herr links – Dame rechts
Nachher: Platzwechsel oder Herbewegung

Schritt 3

Schritt 4

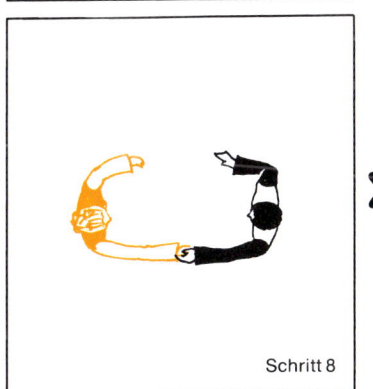

Schritt 8

Triple Time

Platzwechsel mit Damenlinksdrehung und Herrenlinksdrehung

Vorher: Handwechsel oder Platzwechsel
Ausgangsstellung: Offene Position, Einhandfassung Herr links – Dame rechts

Schritte	Herr	Dame	Zählweise
1	LF rückw. (oder LF schließen)	RF rückw. (oder RF schließen)	1
2	RF belasten am Ort (oder RF vorw.)	LF belasten am Ort (oder LF vorw.)	2
3	LF ⎫	RF ⎫	3
4	RF ⎬ Chassé vorw.	LF ⎬ Chassé vorw.	und
5	LF ⎭	RF ⎭	4
6	RF ⎫	LF ⎫	5
7	LF ⎬ Chassé rückw.	RF ⎬ Chassé rückw.	und
8	RF ⎭	LF ⎭	6

Drehung: Die $1/2$ Linksdrehung der Dame wird primär auf die Schritte 3–5, die $1/2$ Linksdrehung des Herrn auf die Schritte 6–8 ausgeführt (»erst die Dame, dann der Herr«). Beide Drehungen werden unter dem erhobenen linken Arm des Herrn getanzt.

Endstellung: Offene Position, Einhandfassung Herr links – Dame rechts
Nachher: Platzwechsel oder Herbewegung

»Dame – Herr«

Schritt 3

Schritt 5

Schritt 6

Triple Time

Damenrechtsdrehung am Ort

Vorher: Platzwechsel oder Herrenwechsel
Ausgangsstellung: Offene Position, Einhandfassung
    entweder: Herr links – Dame rechts
    oder: Herr rechts – Dame rechts

Schritte	Herr		Dame		Zählweise
1	LF rückw.		RF rückw.		1
2	RF belasten am Ort		LF belasten am Ort		2
3	LF		RF		3
4	RF	Chassé am Ort	LF	Chassé vorw. (kleine Schritte)	und
5	LF		RF		4
6	RF		LF		5
7	LF	Chassé am Ort	RF	Chassé rückw. (kleine Schritte)	und
8	RF		LF		6

Drehung: Die Damendrehung ($^1/_1$ Rechtsdrehung) erfolgt auf Schritt 5 und wird auf die Schritte 6–8 zu Ende geführt. Der Herr leitet die Drehung mit seiner linken Hand bei leicht gespanntem Arm ein und faßt die Dame nach der Drehung wieder mit seiner linken Hand.
Eine Variante besteht darin, daß der Herr nach den Schritten 1, 2 einen Handwechsel mit der rechten Hand vornimmt und die Drehung mit gespanntem rechten Arm gegen den Druck der Dame einleitet. Nach der Drehung faßt seine linke Hand wieder die rechte Hand der Dame.
Die Drehung der Dame kann auch unter dem erhobenen rechten Arm des Herrn ausgeführt werden; dabei bilden die gefaßten Hände einen festen Drehpunkt. Die Dame bleibt während der Drehung im Körper völlig gestreckt.

Endstellung: Offene Position, Einhandfassung Herr links – Dame rechts
Nachher: Handwechsel oder Platzwechsel

»Spin«

Schritt 4

oder

Schritt 5

oder

Schritt 8

67

Figurenfolgen

Aus den bisher beschriebenen
Figuren werden zunächst einige
leichte Figurenfolgen vorgeschlagen, anschließend wird eine
Figurenfolge mit etwas höherem
Schwierigkeitsgrad dargestellt, die
teilweise auf bereits bekannten
und teilweise auf neuen Figuren
aufbaut.

Leichte Figurenfolgen aus bereits beschriebenen Figuren

Sie sind so zusammengesetzt, daß
bei jeder neuen Folge eine weitere
Figur hinzukommt (Die neue Figur
ist jeweils mit einer Linie unterstrichen).

Üben

Grundschritt (siehe S. 42)
Damenrechtsdrehung (siehe S. 54)
Herbewegung (siehe S. 53)

Grundschritt
Damenrechtsdrehung
Platzwechsel (siehe S. 58)
Platzwechsel
Herbewegung

Grundschritt
Damenrechtsdrehung
Platzwechsel
Herrenwechsel (siehe S. 60)
Herbewegung

Grundschritt
Damenrechtsdrehung
Platzwechsel
Herrenwechsel
Spin (siehe S. 66)
Herbewegung

Grundschritt
Damenrechtsdrehung
Platzwechsel
Herrenwechsel
Spin
Handwechsel (siehe S. 62)
Handwechsel
Herbewegung

Grundschritt
Damenrechtsdrehung
Platzwechsel
Herrenwechsel
Spin
Handwechsel
Dame – Herr (siehe S. 64)
Herbewegung

Es wird empfohlen, jede einzelne
Figurenfolge mehrmals hintereinander zu tanzen.

Triple Time

Figurenfolge, die teils auf bekannten und teils auf neuen Figuren aufgebaut ist

Um eine Anregung für eine mögliche Aneinanderreihung bereits bekannter Figuren und deren Variationen zu geben, wurde die folgende Figurenfolge zusammengestellt:

Ausgangsstellung: Geschlossene Position, Tanzhaltung

Aufbau der Folge:	Schritte
Grundschritt (siehe S. 42)	1–8
Damenrechtsdrehung ohne Handfassung (siehe S. 54): Am Ende Einhandfassung Herr rechts – Dame rechts	1–8

Eindrehen der Dame: Die Dame dreht sich aus der offenen Position mit $1/2$ Linksdrehung an die rechte Seite des Herrn in Nebeneinanderstellung; dabei winkelt sie den rechten Unterarm hinter ihrem Rücken ab, die linke Hand reicht sie dem Herrn.	1–8

Seitenwechsel der Dame nach links: Vor der Front des Herrn wechselt die Dame aus der Nebeneinanderstellung an der rechten Seite des Herrn in die Nebeneinanderstellung an der linken Seite des Herrn. Am Ende ist ihr linker Unterarm hinter dem Rücken abgewinkelt.	1–8

Figurenfolgen

Seitenwechsel der Dame nach rechts: 1–8

Vor der Front des Herrn wechselt die Dame aus der Nebeneinanderstellung an der linken Seite des Herrn wieder an die rechte Seite des Herrn zurück. Am Ende ist ihr rechter Unterarm hinter dem Rücken abgewinkelt.

Ausdrehen der Dame (Damenrechtsdrehung, siehe S. 54):   1–8

Aus der Nebeneinanderstellung dreht die Dame mit $1/2$ Rechtsdrehung in die offene Position; beide Hände bleiben gefaßt (am Ende Kreuzfassung, linke über rechte Hände).

Platzwechsel unter den gekreuzten Händen (siehe S. 58):   1–8

Beide Partner tanzen einen Platzwechsel, wobei beide Hände gefaßt bleiben (am Ende Kreuzfassung, jetzt rechte über linke Hände).

Spin für Dame und Herr (siehe S. 66):   1–8

Aus einer leichten Gegendrehung führt die Dame $1/1$ Rechtsdrehung am Ort und der Herr $1/1$ Linksdrehung am Ort aus – ohne Handfassung. Am Schluß offene Position, Einhandfassung Herr li – Dame re.

Platzwechsel (siehe S. 58)   1–8
Herbewegung (siehe S. 53)   1–8

Triple Time

Freies Tanzen

Neben den bisher beschriebenen, gebundenen Figurenfolgen sollte immer wieder auch das freie Tanzen gepflegt werden. Dabei kann einerseits auf bereits bekannte Figuren zurückgegriffen, andererseits auch der freien Improvisation ein breiter Raum gelassen werden. Für das Tanzen mit bekannten Figuren werden einige Anregungen gegeben, die dem Übenden helfen sollen. Dabei sind jeweils die Ausgangsstellung und die Endstellung einer Figur zu beachten.

Im folgenden wird eine Zusammenstellung der bisher beschriebenen Figuren gegeben:

 Von der geschlossenen in die offene Position führen:
- Hinbewegung
- Damenrechtsdrehung mit Handfassung
- Damenrechtsdrehung ohne Handfassung

 Von der offenen in die offene Position führen:
- Platzwechsel
- Herrenwechsel
- Handwechsel
- Dame – Herr
- Spin ohne Handfassung
- Spin mit Handfassung
  Herr links – Dame rechts
  Herr rechts – Dame rechts

 Von der offenen in die geschlossene Position führen:
- Herbewegung
- Damenlinksdrehung

Beim freien Tanzen spielt vor allem die klare Führung des Herrn mit seiner Hand- und Armhaltung eine entscheidende Rolle.

 Eine häufig zu beobachtende Variante des Rock'n Roll Triple Time beim freien Tanzen besteht darin, den »Rockschritt« (also »rück«, »Ort« durch den »kick ball change« (siehe S. 25) zu ersetzen.

Es ergibt sich dann folgende Zählweise:

```
      1 Kick
  und  ball
      2 change
      3 seit
      4 und
      5 seit
      6 seit
      7 und
      8 seit.
```

Gehüpfter Rock'n Roll

Einführung

Die gehüpfte Form ist die neueste Variante des Rock'n Roll-Tanzens. Dabei wird der sportliche Charakter stark betont, ohne daß die tänzerische Ausstrahlung verloren geht. Seit Beginn der siebziger Jahre hat sich diese Form insbesondere auf Turnieren immer weiter in den Vordergrund geschoben. Heute ist dieser sog. »Sprungschritt« bei Rock'n Roll-Meisterschaften obligatorisch (siehe S. 124).

Durch die fortlaufende Aneinanderreihung von ›kicks‹ und ›hops‹ (siehe S. 26) erhält der gehüpfte Rock'n Roll seine Sportlichkeit. Das Erlernen der Grundtechnik bereitet bei entsprechender Übung nicht allzu große Schwierigkeiten; die Eleganz und Schnelligkeit stellt sich aber erst nach längerem Training ein.

Innerhalb des gehüpften Rock'n Roll gibt es inzwischen schon zahlreiche Variationen und Stilunterschiede; dennoch sollte der weniger Geübte zuerst versuchen, die Grundtechnik zu erlernen und zu automatisieren, eho er zu Figuren und Schrittvariationen übergeht. Die »Tips zum Lernen« von S. 49 kommen auch hier zur Anwendung.

Einfache Tanzfiguren

Ähnlich wie im vorangehenden Kapitel sollen zunächst die elementaren Figuren vorgestellt werden, die das Grundgerüst für weitere Figurenfolgen bilden. Im vorigen Kapitel wurden die meisten dieser Grundfiguren bereits beschrieben, allerdings nur für den Achterschritt. Die Handfassungen, Positionen und Drehungsumfänge bleiben weitgehend dieselben. Es wird dabei auf eine erneute, detaillierte Beschreibung verzichtet.

Die Schrittfolge des Grundschrittes (siehe S. 44) ist bei allen folgenden Figuren anzuwenden. Dazu kommen je nach Figur noch Vorwärts- und Rückwärtsbewegungen sowie verschiedene Drehungen. Die meisten Tanzfiguren – ausgenommen die Drehungen am Ort – sind mit einer Vorwärtsbewegung verbunden. Dabei ist es unbedingt erforderlich, daß der ›kick ball change‹ vorwärts getanzt wird (siehe S. 25).

Gehüpfter Rock'n Roll

Figuren von der offenen in die offene Position

»Platzwechsel«

(Vergleiche auch S. 58)

Vorher: Grundschritt

Zählweise		Hinweise
1	(kick)	
und	(ball)	Vorwärts!
2	(change)	
3	(kick)	
4	(vor)	**Herr:** ½ Rechtsdrehung
		Dame: ½ Linksdrehung unter dem erhobenen linken
5	(kick)	Arm des Herrn
6	(rück)	

Nachher: Grundschritt oder Platzwechsel

3

5

»Herrenwechsel«

(Vergleiche auch S. 60)

Vorher: Grundschritt oder Platzwechsel

Zählweise		Hinweise
1	(kick)	
und	(ball)	} Vorwärts!
2	(change)	
3	(kick)	
4	(vor)	**Herr:** ½ Linksdrehung unter seinem erhobenen linken Arm
5	(kick)	**Dame:** ½ Rechtsdrehung
6	(rück)	

Nachher: Grundschritt oder Platzwechsel

3

5

Gehüpfter Rock'n Roll

»Handwechsel«

(vergleiche auch S. 62)

Vorher: Platzwechsel oder Herrenwechsel

Zählweise		Hinweise
1	(kick)	
und	(ball)	Vorwärts!
2	(change)	
3	(kick)	
4	(vor)	**Herr:** $1/2$ Linksdrehung mit einem Handwechsel hinter seinem Rücken
5	(kick)	**Dame:** $1/2$ Rechtsdrehung
6	(rück)	

Nachher: Grundschritt oder Platzwechsel

2   5

78

»Spin«

(Vergleiche auch S. 66)

Vorher: Platzwechsel oder Herrenwechsel

Zählweise		Hinweise
Herr	Dame	
1 (kick)	(kick)	
und (ball)	(ball)	Am Ort
2 (change)	(change)	
3 (kick)	(kick)	
4 (schließ)	(dreh)	**Dame:** $1/1$ Rechtsdrehung mit oder ohne Handfassung
5 (kick)	(kick)	
6 (schließ)	(schließ)	

Nachher: Handwechsel oder Platzwechsel

4

4

Gehüpfter Rock'n Roll

Figuren von der offenen Position in die Promenadenstellung und von der Promenadenstellung in die offene Position

Wieder muß die Dame schon beim ›kick ball change‹ mit der Vorwärtsbewegung beginnen. Handführung und Bewegungsrichtungen sind ähnlich wie im vorangehenden Kapitel beim Achterschritt, nur die Drehungsumfänge ändern sich geringfügig.

Figuren

Herbewegung

Vorher: Platzwechsel

Zählweise			Hinweise
	Herr	Dame	
1	(kick)	(kick)	**Dame:** Vorwärts!
und	(ball)	(ball)	
2	(change)	(change)	**Herr:** Am Ort
3	(kick)	(kick)	
4	(schließ)	(vor)	**Dame:** ¹/₂ Rechtsdrehung in die Prome-
5	(kick)	(kick)	nadenstellung an die rechte Seite des Herrn.
6	(schließ)	(schließ)	

Nachher: Damenrechtsdrehung

3

5

Gehüpfter Rock'n Roll

Damenlinksdrehung

(Vergleiche auch S. 55)

Vorher: Platzwechsel

Zählweise			Hinweise
	Herr	Dame	
1	(kick)	(kick)	**Dame:** Vorwärts!
und	(ball)	(ball)	
2	(change)	(change)	**Herr:** Am Ort
3	(kick)	(kick)	
4	(schließ)	(vor)	**Dame:** ¹/₂ Linksdrehung unter dem erhobenen linken Arm des Herrn in die Promenadenstellung an die rechte Seite des Herrn
5	(kick)	(kick)	
6	(schließ)	(schließ)	

Nachher: Damenrechtsdrehung

3

5

Figuren

Damenrechtsdrehung

(Vergleiche auch S. 54)

Vorher: Herbewegung oder Damenlinksdrehung

Zählweise			Hinweise
	Herr	Dame	
1	(kick)	(kick)	**Dame:** Vorwärts!
und	(ball)	(ball)	
2	(change)	(change)	**Herr:** Am Ort
3	(kick)	(kick)	
4	(schließ)	(vor)	**Dame:** 1/2 Rechtsdrehung unter dem erhobenen linken Arm des Herrn in die offene Position (auch ohne Handfassung moglich)
5	(kick)	(kick)	
6	(schließ)	(rück)	

Nachher: Platzwechsel

3

5

Gehüpfter Rock'n Roll

Um einen Einblick in die Vielfalt der möglichen Figuren des gehüpften Rock'n Roll zu verschaffen, sollen nun zwei etwas schwierigere, besonders auf den Sprungschritt zugeschnittene Varianten vorgestellt werden:

- Der sog. »Alexander«
- Der sog. »Side-step«

»Alexander«

Vorher: Grundschritt oder Platzwechsel
Ausgangsstellung: Gegenüberstellung Butterfly-Fassung (siehe S. 31)

Die Figur wird mit ›kick ball change‹ eingeleitet.

1

2

3

Herr: LF führt einen hohen ›kick‹ zur Seite aus (Oberkörper dreht nicht mit); ›hop‹ mit dem RF

LF schließen; ›hop‹ mit dem RF

RF führt einen hohen ›kick‹ zur Seite aus (gegengleich zu 1); ›hop‹ mit dem LF

Dame: Tanzt genau gegengleich zum Herrn in Gegenüberstellung

Nachher: Platzwechsel oder Handwechsel; auch Wiederholung »Alexander« Schritt 1–6 möglich

Schrittkombinationen

4

RF schließen und
gleichzeitig beide
Knie nach links ver-
schieben!

5

Beide Knie nach
rechts verschieben
(Die Knie bleiben von 4
bis 6 leicht gebeugt)

6

Beide Knie nach
links verschieben

Gehüpfter Rock'n Roll

»Side-Step«

Vorher: Grundschritt oder Platzwechsel
Ausgangsstellung: Offene Position, Einhandfassung Herr links – Dame rechts

Die Figur wird mit ›kick ball change‹ eingeleitet.

1

2

Herr: Mit einem flachen Sprung bewegt sich der Herr nach links seitwärts in eine mittelbreite Grätschstellung (linkes Knie gebeugt). Das rechte Bein ist gestreckt und unbelastet.

Der Herr springt zurück in eine Mittelstellung, wobei der LF vor dem RF kreuzt

Dame: Tanzt genau gegengleich zum Herrn in Gegenüberstellung. Beim ›side-step‹ sollte der Eindruck eines Hin- und Herschwebens des Oberkörpers entstehen, ohne daß dabei eine zu starke Hoch-Tief-Bewegung zu erkennen ist.

Nachher: Grundschritt oder Platzwechsel; auch Wiederholung ›Side-step‹ Schritt 1–4 möglich

Schrittkombinationen

3

Ausführung wie bei 1
jedoch nach rechts seitwärts

4

Ausführung wie bei 2;
RF kreuzt jetzt vor LF

Gehüpfter Rock'n Roll

Figurenfolgen

Da in der Technik zwischen Achterschritt und dem gehüpften Rock'n Roll Unterschiede bestehen, sind auch nicht alle Figuren gegenseitig austauschbar. Die beiden im vorigen Kapitel vorgestellten Folgen können jedoch ohne weiteres auch im gehüpften Rock'n Roll getanzt werden.
Aus den bisher beschriebenen Figuren werden zunächst einige Zusammenstellungen vorgeschlagen (Die neue Figur ist jeweils mit einer Linie unterstrichen).

Grundschritt (siehe S. 44)
Platzwechsel (siehe S. 76)
Platzwechsel
Grundschritt

Grundschritt
Platzwechsel
Herrenwechsel (siehe S. 77)
Grundschritt

Grundschritt
Platzwechsel
Herrenwechsel
Spin (siehe S. 79)
Grundschritt

Grundschritt
Platzwechsel
Herrenwechsel
Spin
Handwechsel (siehe S. 78)
Handwechsel
Grundschritt

Grundschritt
Platzwechsel
Herrenwechsel
Spin
Handwechsel
Handwechsel
Damenlinksdrehung (siehe S. 82)
Damenrechtsdrehung (siehe S. 83)
Grundschritt

Zusätzlich werden für den fortgeschritteneren Tänzer Figurenvorschläge gemacht.

Grundschritt
Platzwechsel
Platzwechsel
kick ball change + Alexander (siehe S. 84)
Grundschritt

Grundschritt
Platzwechsel
Platzwechsel
kick ball change + Side-step (siehe S. 86)
Grundschritt

Grundschritt
Platzwechsel
Platzwechsel
kick ball change + Alexander
Alexander
Platzwechsel
Spin
Platzwechsel
kick ball change + Side-step
Side-step
Platzwechsel
Herrenwechsel
Grundschritt

Gehüpfter Rock'n Roll

Zur Übung empfiehlt es sich, die Figurenfolgen systematisch zu erlernen:

 Üben einer Folge ohne Musik und ohne Tanzschritte

 Üben dieser Folge ohne Musik, aber schon mit Tanzschritten

 Üben der Folge mit relativ langsamer Musik

 Üben mit steigender Schnelligkeit

 Mehrmalige Aneinanderreihung derselben Folge

 Kombination der Folge mit anderen Elementen

Neben diesen Vorschlägen sind dem Übenden im Zusammenstellen von Figuren zu einer Tanzfolge keine Grenzen gesetzt.

Freies Tanzen

Für das freie Tanzen im gehüpften Rock'n Roll gelten dieselben Überlegungen wie im vorigen Kapitel (siehe S. 72).
Die folgende Übersicht stellt noch einmal die bisher im Sprungschritt beschriebenen Figuren für die Verwendung im freien Tanzen zusammen:

 Von der offenen in die offene Position führen:
- Platzwechsel
- Herrenwechsel
- Handwechsel
- Spin
- Side-step
- Alexander

 Von der offenen Position in die Nebeneinanderstellung führen:
- Herbewegung
- Damenlinksdrehung

 Von der Nebeneinanderstellung in die offene Position führen:
- Damenrechtsdrehung mit Handfassung
- Damenrechtsdrehung ohne Handfassung

Akrobatik

Einführung

Die Akrobatik ist der Teil des Rock'n Roll, der diesem Tanz seine Anziehungskraft und seine spektakuläre Note gibt. Dabei ist es wichtig, daß Rock'n Roll trotz aller Würfe und Saltos dennoch ein Tanz bleibt; somit muß die Akrobatik ohne Unterbrechung in die tänzerischen Elemente eingefügt und als Bestandteil des Tanzes integriert werden.

Um ein nahtloses Ineinandergreifen von Tanz und Akrobatik zu ermöglichen, ist es für den Anfänger und weniger Geübten unerläßlich, zuerst ein hohes Tanzniveau zu erreichen, um sich aus den automatisierten Tanzschritten heraus auf den Wurf konzentrieren zu können. Die eigentliche Schwierigkeit liegt nicht so sehr darin, einen neuen Wurf zu erlernen, sondern im Einfügen des Akrobatikteils in den Tanz.

Ein großes Problem liegt in der Terminologie der verschiedenen Akrobatikfiguren. Oft bestehen viele unterschiedliche Bezeichnungen für ein und denselben Wurf. Dies ist dadurch erklärbar, daß neue Akrobatikteile bei Turnieren gefilmt und von anderen Paaren ausprobiert werden. Dabei finden die Paare oft neue, charakteristische Namen. So trägt z. B. der »Pariser« (siehe S. 118) auch noch die Bezeichnungen ›Wickler‹, ›Gürtelwurf‹ oder ›Napoleon‹.

Einteilung der Akrobatik

Um einen besseren Überblick über die Vielfalt akrobatischer Elemente zu erhalten, wird im folgenden der Versuch unternommen, eine Einteilung nach bewegungsmäßigen Kriterien zu treffen.

Als erstes Gebiet und zur Einführung in die Akrobatik ist die sog. »Halbakrobatik« zu nennen. Zu diesen relativ einfachen Figuren, die auch in der Diskothek noch ohne Einschränkungen getanzt werden können, gehört die Gruppe der Aufsitzer (siehe S. 98), der Schieber (siehe S. 101) und der Rückfaller (siehe S. 103).

Im zweiten Bereich werden die Hebungen behandelt, bei denen die Dame ihre aufrechte Haltung im Wesentlichen beibehält (der Kopf darf nie tiefer sein als die Beine) und auf verschiedene Weise »gehoben« wird.

Der dritte Teil schließlich ist die Akrobatik selbst, die keinerlei Einschränkungen unterliegt. Erlaubt ist alles, was die Ausstrahlung und das Niveau des Tanzes hebt. Dieser dritte, unbeschränkte Bereich umfaßt eine solche Fülle von verschiedenen Bewegungsformen, daß noch eine weitere Unterteilung in Bewegungsfamilien sinnvoll ist. Die nachfolgende Tabelle gibt einen Überblick:

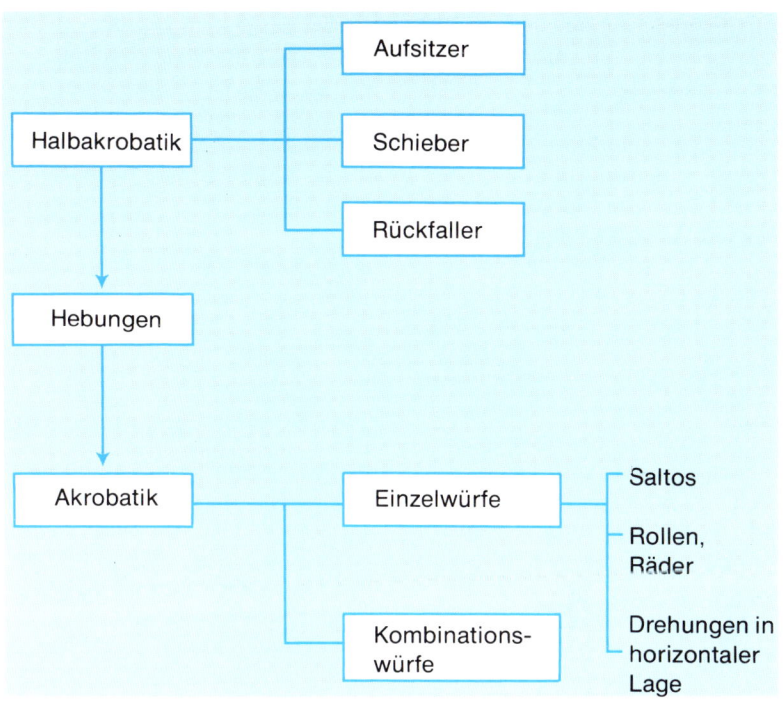

In diesem Buch werden einige Beispiele zur Gruppe der Saltos und ein Beispiel für einen Wurf mit Drehung in horizontaler Lage dargestellt.

Praktische Tips

Tanzschritte vor dem Wurf

Jeder Akrobatikteil wird eingeleitet mit einem ›kick ball change‹ für beide Partner; danach nimmt der Herr meist eine stabile Grätschstellung ein, während die Dame durch einen beidbeinigen Absprung den Wurf einleitet.

Tanzschritte nach dem Wurf

Die Landung der Dame erfolgt abfedernd auf beiden Beinen; danach wird ohne Unterbrechung mit ›kick ball change‹ für Herr und Dame weitergetanzt.

Vorbereitung auf einen Wurf

Es empfiehlt sich, Saltos und Drehungen, die später in der Akrobatik ausgeführt werden sollen, vorher im Schwimmbad (im hüfthohen Wasser), in der Turnhalle (Weichbodenmatte, Minitrampolin o. ä.) oder mit sonstigen, geeigneten

Akrobatik

Hilfsmitteln auszuprobieren, um eine gewisse Bewegungserfahrung zu sammeln.

Üben und Trainieren

Das Wichtigste bei der Akrobatik ist das Bestreben, so gut wie möglich jede Verletzungsgefahr von vornherein zu vermeiden. Dies wird durch die Beachtung folgender Punkte am besten erreicht:

Niemals ohne Hilfe- oder Sicherheitsstellung üben, solange der Wurf noch nicht beherrscht wird. Dabei hat sich besonders die Zusammenarbeit von zwei Paaren bewährt; während das eine Paar übt, hilft das andere Paar und umgekehrt.

Wenn möglich Matten oder sonstige Hilfsmittel verwenden (Sicherheit).

Erklärung und Demonstration der richtigen Arm-, Bein- und Körperhaltung von einem erfahrenen Rock'n Roll-Tänzer, -Trainer oder Tanzlehrer.

Ein Training der Akrobatikteile empfiehlt sich nur dann, wenn die Körperkräfte nicht durch Krankheit o. ä. geschwächt sind und eine völlige Konzentration gewährleistet werden kann.

Üben der Akrobatik nur mit einem gut bekannten, verläßlichen Partner.

Gymnastische Vorbereitung
(für Halbakrobatik und Akrobatik)

Um jeder Verletzungsgefahr durch zu große Beanspruchung noch kalter Muskeln begegnen zu können, ist ein allgemeines Aufwärmen nötig. Dies kann durch Tanzen (ohne Akrobatikteile) erreicht werden oder aber durch eine gezielte Aufwärmgymnastik, die neben der allgemeinen Anregung des Kreislaufs als Nebenwirkung noch das Einüben spezifischer Bewegungsteile bezweckt.
Für Gymnastik allgemeiner Art ist empfehlenswerte Literatur am Schluß dieses Buches angegeben (siehe S. 127).
Anschließend werden einige spezielle Partnerübungen beschrieben:

 Rücken an Rücken, Arme in Hochhalte: Ziehen des Partners auf den Rücken

Gymnastik

Rücken an Rücken:
Rumpfdrehen mit Klatschen in die Hände

 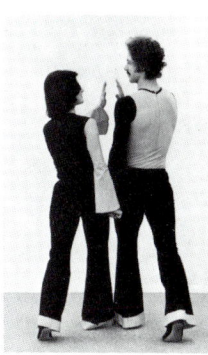

Rücken an Rücken, Arme in Tiefhalte mit Handfassung: Rumpfseitbeugen

Liegestütz zueinander:
Kreisen der Köpfe umeinander

Akrobatik

 5 Front zueinander, rechte Hand faßt linkes, vorgespreiztes Bein des Partners, linke Hand gefaßt: Hüpfen im Kreis auf einem Bein

6 Grätschstand, Front zueinander, Rumpf nach vorn gesenkt, Schulterfassung: Rumpfdrehen

Auf- und Abfedern des Oberkörpers

7 Partner A im Sitz, Knie angezogen, Arme in Hochhalte, Partner B steht hinter Partner A: Mit Unterstützung von B Aufrichten in den Stand über die Bogenspannung (Becken vorschieben!)

Gymnastik

 Partner A im Strecksitz, Arme gebeugt nach hinten, Partner B steht hinter Partner A: Partner B faßt die Arme von A am Oberarm und unterstützt A beim Schulterkreisen

 Partner A in Rückenlage; er umfaßt mit beiden Händen das rechte Bein von B: A schnellt die Beine gestreckt nach oben, B fängt sie auf und stößt sie wieder nach unten (Beine bleiben weg vom Boden!)

 Rücken an Rücken, Arme eingehakt: Gemeinsames Kniebeugen und -strecken

Halbakrobatik

Für die Halbakrobatik sind im Gegensatz zur gehobeneren Akrobatik keine besonderen Vorkenntnisse nötig. Sie beschränkt sich auf einfache Elemente, bei der zwar ein harmonisches Zusammenwirken der beiden Partner nötig ist, bei der jedoch technisch nicht allzu große Anforderungen gestellt werden. Im Folgenden werden aus dem Bereich der Halbakrobatik einige charakteristische Figuren beschrieben:

Aus der Gruppe der Aufsitzer:
- Kniesprung
- Grätschsprung
- Hüftsprung links und rechts

Aus der Gruppe der Schieber:
- Schieber vorwärts – rückwärts
- Schieber vorwärts ohne Drehung
- Schieber vorwärts mit Drehung

Und abschließend noch:
- Rückfaller

Halbakrobatik

Kniesprung

Vorher: Grundschritt oder Platzwechsel
Ausgangsstellung: Offene Position, Einhandfassung Herr links – Dame rechts
Die Figur wird mit ›kick ball change‹ eingeleitet (1 und 2)

	Zähl- weise	Hinweise
	3 4	**Herr:** Einnehmen der Ausfall-stellung **Dame:** Beidbeiniger Absprung
	5 6	**Herr:** Hereinführen der Dame auf den rechten Oberschenkel **Dame:** Sprung in den Kniesitz
	7 8 9 10	**Herr:** Hinausheben der Dame **Dame:** Abdruck vom rechten Ober-schenkel des Herrn. Beidbeinige Landung **Nachher:** Grundschritt oder Platzwechsel

Grätschsprung

Vorher: Grundschritt oder Platzwechsel
Ausgangsstellung: Offene Position, Einhandfassung Herr links – Dame rechts
Die Figur wird mit ›kick ball change‹ eingeleitet (1 und 2)

	Zähl-weise	Hinweise

3 ⎫
   ⎬ **Herr:** Einnehmen der Grätsch-stellung
4 ⎭ **Dame:** Beidbeiniger Absprung; Flechtgriff um den Hals des Herrn

5 ⎫
   ⎬ **Herr:** Hereinheben der Dame auf beide Oberschenkel
6 ⎭ **Dame:** Sprung in den Grätschsitz

7 ⎫
   ⎪ **Herr:** Hochstemmen der Dame
8 ⎪ **Dame:** Abdruck mit beiden Unter-armen von den Schultern des
   ⎬ Herrn. Anziehen der Knie zur
9 ⎪ Hocke. Beidbeinige Landung.
   ⎪
10 ⎭

Nachher: Grundschritt oder Platzwechsel

Halbakrobatik

Hüftsprung links – rechts

Vorher: Grundschritt oder Platzwechsel
Ausgangsstellung: Offene Pos., Einhandfassung Herr links – Dame rechts
Die Figur wird mit ›kick ball change‹ eingeleitet (1 und 2). Der Herr nimmt
die Grätschstellung ein, die Dame springt beidbeinig ab und faßt mit
Flechtgriff um den Hals
des Herrn (3, 4).

	Zähl-weise	Hinweise
	5	**Herr:** Hereinheben der Dame auf den linken Oberschenkel
	6	**Dame:** Sprung zum Hüftsitz auf dem linken Oberschenkel des Herrn
	7	**Herr:** Heben der Dame auf den rechten Oberschenkel
	8	**Dame:** Druck mit beiden Unter-armen auf die Schultern des Herrn;
	9	Herumführen der Beine zum Hüft-sitz auf dem rechten Oberschenkel
	10	des Herrn
	11	**Herr:** Hochstemmen der Dame
	12	**Dame:** Abdruck mit beiden Unter-armen von den Schultern des
	13	Herrn. Anziehen der Knie zur
	14	Hocke. Beidbeinige Landung.

Nachher: Grundschritt oder
Grätschsprung (aus dem Hüftsitz links

Aufsitzer – Schieber

Schieber vorwärts – rückwärts

Vorher: Grundschritt oder Platzwechsel
Ausgangsstellung: Offene Position, beidhändige Unterarmfassung (Herr von unten)
Die Figur wird mit ›kick ball change‹ eingeleitet (1 und 2).

	Zähl-weise	Hinweise
	3 4	**Herr:** Einnehmen der Grätsch-stellung **Dame:** Beidbeiniger Absprung
	5 6 7	**Herr:** Führen der Dame durch die gegrätschten Beine **Dame:** Beidbeiniges Gleiten durch die gegrätschten Beine des Herrn bis zur völligen Streckung
	8 9 10	**Herr:** Hochziehen der Dame mit Nachdrücken in den Unterarmen **Dame:** Zurückgleiten zum Stand.
		Nachher: Grundschritt oder Spin

Halbakrobatik

Schieber vorwärts

Vorher: Grundschritt oder Platzwechsel
Ausgangsstellung: Offene Position, Zweihandfassung (Herr von außen!)
Die Figur wird mit ›kick ball change‹ eingeleitet (1 und 2).

	Zähl-weise	Hinweise

3
4
} **Dame:** Einnehmen der Hock-stellung

5
6
} **Herr:** Drübersteigen mit dem rech-ten Bein über die gefaßten Hände

Herr: Durchziehen der Dame
Dame:
7
8
9
10
} *Variation a):* Durchgleiten durch die gegrätschten Beine des Herrn und Aufrichten über die Bogen-spannung zum Stand (rechtes Bein sticht dabei nach schräg oben).
Variation b): halbe Linksdrehung am Ende des Aufrichtens

Nachher: Nach a): Rückfaller
Nach b): Grundschritt oder Spin

Rückfaller

Vorher: Schieber vorwärts ohne Drehung (Variation a)
Ausgangsstellung: Hintereinanderstellung, Herr in Grätschstellung

Die Figur wird unmittelbar (also ohne ›kick ball change‹) an den Schieber vorwärts angeschlossen

	Zähl-weise	Hinweise

	1	**Herr:** Auffangen der Dame mit Griff unter der Achsel **Dame:** Rückfallen mit Beugen des linken Knies
	2	
	3	
	4	

	5	**Herr:** Heben der Dame **Dame:** Strecken des linken Beins; halbe Rechtsdrehung am Ende des Aufrichtens
	6	
	7	
	8	

Nachher:
Grundschritt oder Platzwechsel

Halbakrobatik

Aus den beschriebenen Einzelfiguren sind im folgenden eine einfache sowie eine längere Figurenfolge zusammengestellt.

- Grundschritt
  Platzwechsel
  Platzwechsel
    + Kniesprung
    oder
    + Grätschsprung
    oder
    + Hüftsprung
    links – rechts
    oder
    + Schieber vorw. – rückw.
    oder
    + Schieber vorw.
    mit einer halben Links-
    drehung
    oder
    + Schieber vorw.
    und Rückfaller mit einer
    halben Linksdrehung

- Grundschritt
  Platzwechsel
  Kniesprung
  Platzwechsel
  Spin
  Platzwechsel
  Schieber vorw.
    (ohne Drehung)
  Rückfaller
    (mit einer halben Drehung)
  Platzwechsel
  Handwechsel
  Platzwechsel
  Grätschsprung
  Platzwechsel
  Schieber vorw. –
    rückw.
  Grundschritt

Akrobatik

Aus den verschiedenen Arten der Akrobatik werden im folgenden 6 Würfe aus dem Bereich der Saltos (siehe S. 91) vorgestellt:

- Hüftwurf
- Italiener
- Käskehre
- Rücken an Rücken
- Herrenwurf
- Landshut

Eine weitere Figur aus dem Bereich der Würfe mit Drehungen in horizontaler Lage (siehe S. 91) rundet das Kapitel ab:

- Pariser

Hüftwurf

(oder auch: Sagi)

Vorher: Grundschritt oder Platzwechsel
Ausgangsstellung: Offene Position, Einhandfassung Herr links – Dame rechts (Dame greift mit den Fingern von oben!)

Die Figur wird mit ›kick ball change‹ eingeleitet (1 und 2)

Der Herr schiebt durch einen Nachstellschritt (LF – RF) seine rechte Hüfte hinter die linke Hüfte der Dame; er geht dabei leicht in die Knie und umfaßt die Hüfte der Dame mit seinem rechten Arm. Die Dame behält eine leichte Bogenspannung bei.

Die Dame zieht schnellkräftig beide Knie an; der Herr hebt die Dame durch eine Streckung der Knie.
Beachte: Der Herr führt seine linke Hand zum rechten Knie.

Akrobatik

Sicherheitsstellung
Der Helfer steht auf der linken Seite der Dame. Er umfaßt mit seinem rechten Arm die Taille von vorne oben, während seine linke Hand die Drehung an der Rückseite ihres linken Oberschenkels unterstützt.

Durch Anheben des rechten Oberarms und durch Hochdrücken mit der linken Hand gibt der Herr den Impuls zu einer hohen Drehbewegung.

Die Dame landet beidbeinig auf den Fußballen.

Nachher: Grundschritt oder Platzwechsel

Italiener

Vorher: Grundschritt oder Platzwechsel
Ausgangsstellung: Offene Position, Einhandfassung Herr links – Dame
rechts

Die Figur wird mit ›kick ball change‹ eingeleitet (1 und 2).

Während des einleitenden ›kick ball change‹ führt der Herr ¹/₄ Linksdrehung in eine Grätschstellung aus. Die Dame springt beidbeinig ab.

Dabei greift der Herr mit dem rechten Arm von vorn um die Hüfte der Dame. Die linke Hand unterstützt die nachfolgende Drehung durch ein Nachschieben an der Rückseite des linken Oberschenkels der Dame. Die Dame greift mit der linken Hand an die rechte Schulter des Herrn; die rechte Hand stützt sich am rechten Unterarm des Herrn.

Sicherheitsstellung:
Der Helfer steht auf der rechten Seite der Dame. Er umfaßt mit seinem linken Arm die Taille von vorne oben, während seine rechte Hand die Drehung an der Rückseite ihres rechten Oberschenkels unterstützt.

Nach dem Absprung zieht die Dame schnellkräftig beide Knie an. Der Herr bildet mit seinem rechten Arm den Drehpunkt.

Nach der Drehung öffnet die Dame ihre gehockte Haltung und landet beidbeinig.

Nachher: Damenrechtsdrehung unter dem rechten Arm des Herrn

Käskehre

(oder auch: Kindersalto)

Vorher: Grundschritt oder Platzwechsel
Ausgangsstellung: Gegenüberstellung, ohne Fassung

Die Figur wird mit ›kick ball change‹ eingeleitet (1 und 2).

Die Dame beugt sich weit nach vorn und streckt beide Arme durch die gegrätschten Beine.
Der Herr geht dicht an die Dame heran, schiebt die Knie unter ihre Schultern, beugt den Oberkörper nach vorn und umfaßt die Handgelenke der Dame.

Der Herr zieht die Dame nach oben. Dabei ist darauf zu achten, daß der Herr die Dame eng an sich heranzieht und beim Nach-oben-Rollen nicht durchrutschen läßt. Die Dame läßt während der gesamten Drehbewegung ihre Beine gestreckt und gegrätscht.

Akrobatik

Sicherheitsstellung:
Der Helfer steht im Rücken der Dame. Nachdem die Dame vom Boden weggehoben wurde und nach oben rollt, unterstützt der Helfer ihre Drehung am Rücken.

Am Ende der Drehung beugt der Herr seinen Oberkörper ein wenig zurück und stützt die Dame auf seinen Unterarmen nach oben.

Am Ende der Drehung schließt die Dame ihre Beine und landet beidbeinig.

Nachher: Grundschritt oder Platzwechsel

Rückenwurf

(oder auch: Rücken an Rücken)

Vorher: Grundschritt in offener Position mit Zweihandfassung; anschließend ›kick ball change‹, danach dreht der Herr auf dem LF $^1/_2$ Linksdrehung, die Dame auf dem RF $^1/_2$ Rechtsdrehung.

Ausgangsstellung: Rücken an Rücken, Arme in Hochhalte

Der Herr geht leicht in die Knie,
um seine Hüfte unter die Hüfte der
Dame zu schieben.
Die Dame behält Körperspannung
bei.

Der Herr beugt den Oberkörper
weit nach vorn und achtet darauf,
daß die Arme gestreckt und hoch
bleiben. Die Dame zieht unterdes-
sen schnellkräftig beide Beine an.

Sicherheitsstellung:
Der Helfer steht auf der rechten
Seite der Dame. Er umfaßt mit seinem linken Arm die Taille von vorne oben, während seine rechte
Hand die Drehung an der Rückseite ihres rechten Oberschenkels unterstützt.

Am Ende der Schwungphase richtet der Herr seinen Oberkörper auf,
während die Dame ihren Körper
nach oben drückt. (Hüfte durch-
strecken!)

Auf beide Arme gestützt vollendet
die Dame die Drehung und landet
beidbeinig.

Nachher: Grundschritt oder Platzwechsel

Herrenwurf

Vorher: Grundschritt oder Platzwechsel
Ausgangsstellung: Offene Position, Einhandfassung Herr links – Dame rechts.

Die Figur wird mit ›kick ball change‹ eingeleitet (1 und 2).

Durch einen Seitwärtsschritt mit dem rechten Fuß schiebt die Dame ihre rechte Hüfte hinter die rechte Hüfte des Herrn. Mit der linken Hand hält sie den linken Oberarm des Herrn, mit der rechten Hand faßt sie unter sein Kinn (oder an seine linke Schulter). Der Herr streckt sich nach oben und behält eine leichte Bogenspannung bei. Seine rechte Hand liegt auf der linken Schulter der Dame. Die Dame drückt mit ihrer rechten Hand das Kinn des Herrn nach hinten. Der Herr springt beidbeinig ab und zieht beide Knie schnellkräftig an. **Beachte:** Der Absprung des Herrn muß sehr dosiert erfolgen.

Akrobatik

Sicherheitsstellung:
Der Helfer steht auf der linken Seite des Herrn. Er umfaßt mit seinem rechten Arm die Taille des Herrn von vorne oben, während seine linke Hand die Drehung an der Rückseite des linken Oberschenkels unterstützt.

Durch Strecken des rechten Beines und durch Hochdrücken der Hüfte unterstützt die Dame die Drehbewegung des Herrn. Der Herr drückt sich mit seiner rechten

Hand von der linken Schulter der Dame ab. Der Herr richtet sich am Ende der Drehung auf und landet beidbeinig.

Landshut

Vorher: Platzwechsel mit Lösen der Hände
Ausgangsstellung: Offene Position, Einhandfassung Herr links – Dame links.

Die Figur wird mit ›kick ball change‹ eingeleitet (1 und 2).

 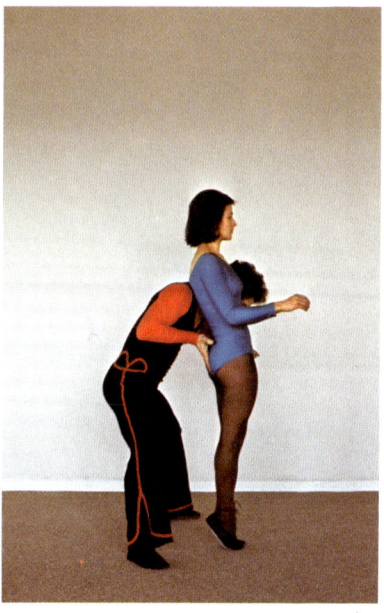

Der Herr nimmt eine breite Grätschstellung ein und zieht die Dame am linken Arm zu sich. Die Dame führt nach dem ›kick ball change‹ eine halbe Rechtsdrehung aus. Der Herr schiebt seinen Kopf unter die linke Achselhöhle der Dame. Dabei muß er darauf achten, daß der linke Arm der Dame fast gestreckt und nicht verdreht ist.

Mit der rechten Hand wird die Dame im Schwerpunkt unterstützt. Die Dame springt beidbeinig ab.

Sicherheitsstellung:
Nach dem Hereindrehen vor dem Wurf steht der Helfer auf der rechten Seite der Dame. Er umfaßt mit seiner rechten Hand den rechten Unterarm der Dame von unten, mit seiner linken Hand ihren rechten Oberarm von oben (Drehgriff).

Durch ein schnellkräftiges Anziehen beider Knie leitet die Dame die Drehbewegung ein. Der Herr drückt die Dame mit der rechten Hand nach oben und streckt dabei beide Knie. Wenn die Dame während der Drehung die rechte Schulter des Herrn verlassen hat, führt er eine halbe Linksdrehung aus, wobei die linken Hände gefaßt bleiben.
Nach der Drehung öffnet die Dame ihre gehockte Haltung und landet beidbeinig.

Nachher: Grundschritt oder Handwechsel

Pariser

(oder auch: Wickler, Gürtelwurf, Napoleon)

Vorher: Grundschritt oder Platzwechsel
Ausgangsstellung: Offene Position, Einhandfassung Herr links – Dame rechts Dame greift mit den Fingern von oben

Die Figur wird mit ›kick ball change‹ eingeleitet (1 und 2).

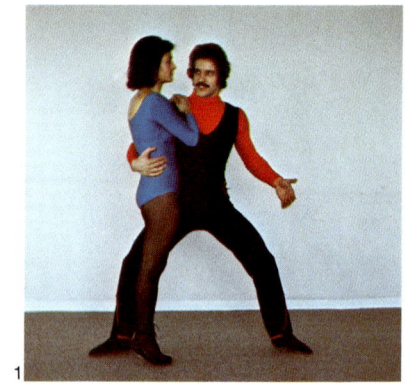

1
Die Dame springt ab und hebt die gestreckten Beine hoch. Der Herr geht in eine Grätschstellung.

2
Dabei legt die Dame beide Arme an die rechte Schulter des Herrn. Die rechte Hand des Herrn umfaßt die rechte Hüfte der Dame, die linke Hand hebt die Dame am Oberschenkel.

3
Aus dieser Stellung heraus schwingt die Dame ihre Beine um die rechte Seite des Herrn, der sie mit seinem rechten Arm führt.

Sicherheitsstellung:
Nachdem die Dame am Rücken
des Herrn liegt und beide Knie ein-
gehakt hat, stellt sich der Helfer
hinter dem Rücken der Dame auf;
er greift mit seiner rechten Hand
unter die linke Achsel der Dame
und führt sie in einem Halbkreis
um die linke Seite des Werfenden
herum.

4

Liegt die Dame auf dem Rücken
des Herrn, beugt sie ihre Unter-
schenkel; er hält sie mit seinem linken Unterarm an den Knien.

5

Die Dame beschreibt mit ihrem
Oberkörper einen Halbkreis um die
linke Seite des Herrn; sie streckt
dabei ihren Oberkörper fast durch.
Der Herr hält mit seinem abgewin-
kelten Unterarm die Dame fest.

6

Am Ende des Halbkreises fängt der
rechte Arm des Herrn den Oberkörper der Dame wieder auf. Danach setzt der Herr die Dame auf
dem Boden auf.

Akrobatik

Freies Tanzen

Nach dem Einüben und Trainieren eines einzelnen Akrobatikteils ohne vorhergehende und nachfolgende Tanzschritte stellt sich als nächstes die Aufgabe, den Wurf in tänzerische Elemente einzugliedern.

Dabei hat es sich bewährt, beim Üben auf folgende Weise vorzugehen:

 Erlernen und Einüben des Akrobatikteils
ohne Tanzschritte
und ohne Musik

 Immer noch ohne Musik:
Grundschritt
Akrobatikteil
Grundschritt

 Bei Musik mit langsamem Tempo:
Grundschritt
Akrobatikteil
Grundschritt

 Bei Musik mit mittlerem Tempo:
Grundschritt
Platzwechsel
Platzwechsel
Akrobatikteil
Platzwechsel

Zur Beachtung: Es ist sehr wichtig, daß der Herr den jeweiligen Wurf rechtzeitig und deutlich ansagt (beim vorletzten »Platzwechsel« vor dem Akrobatikteil), damit sich die Dame darauf einstellen kann. Ebenso ist eine deutliche, unmißverständliche Führung durch den Herrn unerläßlich.

Können die Akrobatikteile schließlich in die tänzerischen Elemente eingefügt werden, empfiehlt es sich, auch zwei oder mehrere Akrobatikfiguren ohne Pause aneinanderzureihen. Dabei kann so vorgegangen werden, daß die Reihenfolge schon vorher festgelegt ist; bei Fortgeschritteneren wird der Ablauf schließlich nur noch durch die Ansagen und die Führung des Herrn bestimmt. Als Anregung wird eine Akrobatik-Folge mit 3 Würfen angegeben.

- Grundschritt
  Platzwechsel
  Platzwechsel
  kick ball change + Hüftwurf
  Platzwechsel
  Handwechsel
  Platzwechsel
  kick ball change + Italiener
  Damenrechtsdrehung unter der rechten Hand des Herrn
  Platzwechsel
  Platzwechsel
  kick ball change + Käskehre
  Platzwechsel
  Spin

Turniertanz

Seit nach längerer Pause 1974 wieder eine Rock'n Roll-Meisterschaft stattfand, wurde das Interesse und die Begeisterung für Rock'n Roll bis heute ständig größer. Viele Rock'n Roll-Clubs entstanden, trugen Ausscheidungen und Titelkämpfe aus und brachten dadurch den »ältesten der modernen Pop-Tänze« zu neuer Blüte. Seit dieser Zeit trat der Sprungschritt (der gehüpfte Rock'n Roll) immer mehr ins Rampenlicht.

Nach vielen Jahren zerstrittener Verbände wurde 1983 der von allen Seiten anerkannte »Deutsche Rock'n Roll Verband« (DRRV) gegründet, der ein Fachverband im deutschen Tanzsport-Verband ist. Der DRRV und seine Landesverbände veranstalten jedes Jahr Turniere bis hin zur Deutschen Meisterschaft. Im Rock'n Roll-Turniertanz kommen folgende Hauptpunkte zum Tragen:

 Tanzen im Takt

Oberstes Gebot für den Rock'n Roll Tänzer ist es, im Takt zu tanzen, das bedeutet, daß der »kick« beim Sprungschritt nur auf die ungeraden Zählzeiten (1, 3 und 5) ausgeführt werden darf. Eine Betonung der Zählzeiten 2, 4 und 6 durch den »kick« bedeutet Tanzen außer Takt und wird mit hohen Punktabzügen bestraft.

 Tanzen in Linie

Ein weiteres, wichtiges Kriterium bei der Bewertung eines Rock'n-Roll-Tanzpaares ist das Tanzen in Linie. Das Tanzpaar gibt sich seine Linie durch die erste Tanzfigur selbst vor und muß diese einmal gewählte Tanzrichtung und die dazugehörige Gegenrichtung dann bis zum Ende dieses Tanzes durchhalten.

Lediglich ein exaktes Kreuzen dieser Tanzlinie im rechten Winkel ist zugelassen; andere Tanzrichtungen sind verboten (geringfügiges, paralleles Verschieben der Linie ist jedoch erlaubt).

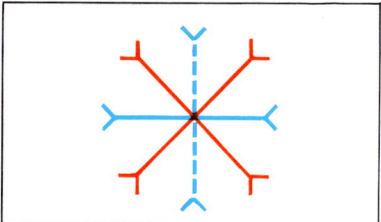

 gewählte Tanzrichtung

 erlaubte, im rechten Winkel gekreuzte Linie

 verbotene Tanzrichtungen

 Zählweise

In der Zählweise und beim Beginn des Tanzes haben sich auf Grund verschiedener Strömungen zwei unterschiedliche Auffassungen herauskristallisiert.

Turniertanz

Die eine Gruppe zählt den »kick ball change« als »1 und 2« und beginnt damit auch den Tanz:

kick	ball	change	kick	schließ	kick	schließ
1	und	2	3	4	5	6

Andere fangen im Unterschied dazu das Tanzen mit dem ersten »kick« an und zählen demzufolge:

kick	schließ	kick	schließ	kick	ball	change
1	2	3	4	5	und	6

Bei den Turnierpaaren werden Amateure und Profis unterschieden. Profis sind solche Tänzer, die gegen Bezahlung an Turnieren teilnehmen, bei Showveranstaltungen auftreten oder gegen Honorar Rock'n Roll-Unterricht erteilen. Entsprechend ihrem Können werden die Teilnehmer in vier Kategorien eingeteilt:

In der **T-Klasse** sind alle Stilarten des Rock'n Roll erlaubt, wobei jedoch ausschließlich Tanzfiguren gezeigt werden dürfen. Teilnahmeberechtigt sind nur nicht-organisierte Freizeittänzer.
Dauer: 2 min.
Schnelligkeit: 44–48 Takte/min.

In der **C-Klasse** ist der Sprungschritt obligatorisch; dies gilt auch für die B-, A- und Profi-Klasse. Alle halbakrobatischen Elemente und einige akrobatische Ausnahmefiguren dürfen getanzt werden.
Dauer: 2 min.
Schnelligkeit: 48–49 Takte/min.

In der **B-Klasse** ist die Anzahl der zugelassenen Akrobatikfiguren wesentlich höher. Eine Wertungsrunde besteht (wie auch in der A- und Profi-Klasse) aus einem Beintechnik- und einem Akrobatik-Durchgang.
Dauer der Beintechnik: 1 min.
Schnelligkeit: 49–50 Takte/min.
Dauer der Akrobatik: 2 min.
Schnelligkeit: 48–49 Takte/min.

In der **A-Klasse** dürfen alle akrobatischen Figuren sowie beliebige Akrobatik-Kombinationen gezeigt werden. Mindestens 7 verschiedene Akrobatikteile müssen getanzt werden, um die Anforderungen dieser Klasse zu erfüllen.
Dauer der Beintechnik: 1 min.
Schnelligkeit: 50–52 Takte/min.
Dauer der Akrobatik: 2 min.
Schnelligkeit: 48–50 Takte/min.

In der **Profi-Klasse** gelten bezüglich der Beintechnik und Akrobatik dieselben Bestimmungen wie in der A-Klasse.

Beintechnik
Nur Tanzfiguren, Schritt-
variationen und Posen sind
erlaubt, Figuren der Halbakrobatik und der Akroba-
tik sind jedoch verboten.

 **Akrobatik**
In den Tanz werden Akro-
batikteile je nach den Bestimmungen der verschie-
denen Kategorien einge-
fügt.

Für das Ergebnis einer Wertungsrunde kann das Tanzpaar für den
tänzerischen Teil ebenso viele
Punkte erreichen wie für die akrobatischen Figuren.

Bei Meisterschaften mit hoher Be-
teiligung können Vor- und Zwi-
schenrunden als Qualifikation für
den Endkampf treten.
Für alle Paare der B-, A- und Profi-
Kategorie sind Showkleidung und
geeignete Tanzschuhe (Gymnastikschuhe) notwendig (siehe
S. 17).
Für die Bewertung der Tanzpaare
sorgt eine Jury, die stets aus einer
ungeraden Zahl von Wertungsrich-
tern zusammengesetzt ist (maxi-
mal 7).

Kriterien für die Bewertung sind:
- Takt
- Tanztechnik
- Haltung
- Linienführung
- Schwierigkeitsgrad
- Figurenreichtum

Fachwörter

ADTV Allgemeiner Deutscher Tanz-lehrer Verband

Akrobatik 1. Im weiteren Sinn: Ober-begriff über Tanzelemente, die von »gewöhnlichen Tanzfiguren« abwei-chen – 2. Im engeren Sinn: Artisti-sche Bewegungselemente wie Rol-len, Räder, Saltos, Drehungen

Alexander Tanzfigur im gehüpften Rock'n Roll

Aufstellungsformen Stellung der Tanzpartner zueinander

Ausgangsstellung Stellung der Tanz-partner zueinander vor Beginn einer Figur

Bebop Musik- und Tanzstil ab ca. 1945

Boogie Musik- und Tanzstil ab ca. 1940 (als Tanz auch »Boogie Woo-gie« genannt)

Blues Boogie Rock'n Roll-Tanzstil, der auf sechs Schritten aufgebaut ist

Chassé Dreischrittige Kombination (auch Dreierschritt genannt); Be-standteil des Rock-Triple Time

Dame – Herr Abkürzung für die Tanz-figur: Platzwechsel mit Damenlinks-drehung und Herrenlinksdrehung

Damenlinksdrehung Tanzfigur

Damenrechtsdrehung Tanzfigur

Double kick Zweimalige Kickbewe-gung mit demselben Fuß

DRRV Deutscher Rock'n Roll-Ver-band

DVRRJ Deutscher Verband im Rock'n Roll und Jazztanz

Endstellung Stellung der Tanzpartner zueinander nach Abschluß einer Figur

Freed, Alan Discjockey, der 1951 be-hauptete, den Rock'n Roll erfunden zu haben

Halbakrobatik Einfache Figuren wie Aufsitzer, Schieber, Rückfaller, die zur Einführung in die Akrobatik dienen

Handwechsel Abkürzung für die Tanzfigur: Platzwechsel mit Hand-wechsel hinter dem Rücken des Herrn

Hebungen Einfache Figuren der Akrobatik; Dame wird auf verschie-dene Weise vom Boden gehoben

Herbewegung Tanzfigur, auch »Schließen nach rechts« genannt

Herrenwechsel Abkürzung für die Tanzfigur: Platzwechsel mit Herren-linksdrehung

Hinbewegung Tanzfigur, auch »Öff-nen nach links« genannt

Hop Kleiner Hüpfer; Absprung und Landung auf demselben Fuß

Jitterbug Tanzstil ab ca. 1940

Jive a) Bezeichnung der Engländer für den Boogie um 1940 b) Heute: Tanz des Welttanzpro-gramms sowie bei Amateur- und Pro-fessionalturnieren

Kick Ausschleudern des Unterschen-kels

Kickschritt Zweiteilige Kombination, bestehend aus einem »kick« und ei-nem belasteten Gehschritt; vorberei-tender Bestandteil des gehüpften Rock'n Roll

kick ball change Dreiteilige Schritt-kombination; Bestandteil des Sprungschritts

Kombinationswurf Akrobatikteil, der aus mehreren Akrobatikelementen aufgebaut ist

Lindy Hop Tanzstil in den dreißiger Jahren

Linie Die von einem Paar gewählte Tanzrichtung, die bei einem Turnier-durchgang eingehalten werden muß

Linie kreuzen Kreuzen der gewählten Tanzrichtung im rechten Winkel

Linksdrehung Drehung um die Längsachse, wobei sich die linke Schulter rückwärts bewegt

Platzwechsel Abkürzung für die

Literatur

Tanzfigur: Platzwechsel mit Damen-linksdrehung

Rechtsdrehung Drehung um die Längsachse, wobei sich die rechte Schulter rückwärts bewegt

Rock'n Roll »Wiegen und Rollen«. Musik- und Tanzstil seit den fünfziger Jahren

Rock-Single Time Rock'n Roll-Tanzstil, wobei die Schritte 3, 4 im Single Time-Rhythmus (slow-slow) getanzt werden; auch »Viererschritt« genannt

Rock-Double Time Rock'n Roll-Tanzstil, wobei die Schritte 3, 4 und 5, 6 im Double Time-Rhythmus (quick, quick – quick, quick) getanzt werden; auch »Sechserschritt« genannt

Rock-Triple Time Rock'n Roll-Tanzstil, wobei die Schritte 3, 4, 5 und 6, 7, 8 im Triple Time-Rhythmus (quick and quick, quick and quick) getanzt werden; (auch »Achterschritt«) nannt

Rock – gehüpfter Schritt Rock'n Roll-Tanzstil, der auf einem »kick ball change« und zwei Kickschritten aufgebaut ist; auch Sprungschritt genannt (je nach Ausführung »Sechser-« oder »Neunerschritt«)

Rockschritt Zweischrittige Kombination, bestehend aus einem Rückwärtsschritt und einem belasteten Schritt am Ort; Bestandteil fast aller Rock'n Roll-Tanzarten

Side-step Tanzfigur im gehüpften Rock'n Roll

Spin Abkürzung für die Tanzfigur: American spin

Swing Musik- und Tanzstil seit den dreißiger Jahren

Tap Unbelastetes Aufsetzen des Fußes

Tapschritt Zweischrittige Kombination, bestehend aus einem »tap« und einem belasteten Gehschritt; Bestandteil des Rock-Double Time

Berendt, J.-E.:
Tanz als Ausbruch – Zur Problematik der modernen Tanzmusik. In: Der Tanz in der modernen Gesellschaft. Hamburg 1958

Berendt, J.-E.:
Die Story des Jazz. Stuttgart 1975

Günther, H., Haag, H.:
Vom Rock'n Roll bis Soul. Die modernen Poptänze von 1954 bis 1976. Ostfildern-Nellingen 1976

Günther, H., Schäfer, H.:
Vom Schamanentanz zur Rumba. Die Geschichte des Gesellschaftstanzes. Stuttgart 1975[2]

Kos, B., Teply, Z., Volráb, R.:
Gymnastik 1200 Übungen. Berlin-Ost 1966

Krombholz, G.:
Tanzen für alle. Von den Grundelementen zu geselligen Tanzformen. München 1976

Mayer, H.:
Rock'n Roll im Bild. München 1979

Möller, E.:
Die neue Lateintechnik aus England in deutscher Sprache. Übersetzung aus »Imperial Society of Teachers of Dancing: Latin American Dance Branch«. Hamburg 1973

Pelletier, J.:
Rock. In: Intako '74. Allg. Deutscher Tanzlehrer-Verband

Steuer, W.:
Rock'n Roll. In: Intako '78. Allg Deutscher Tanzlehrer-Verband